Maison d'Éducation
de M.me Feller.
Distribution des Prix
15 7bre 1807
ou la récitation des Leçons
Grammaire française
dans la 3.e Classe
a M.lle aînée Talboutière

LE MIROIR

DES

JEUNES DEMOISELLES.

A LA VERT

LE MIROIR

DES JEUNES DEMOISELLES,

OU

L'ÉCOLE DES VERTUS ET DE LA SAGESSE

Mises en action et en conversations amusantes et instructives, propres à disposer de bonne heure la Jeunesse (principalement les jeunes personnes) à pratiquer les vertus sociales et à profiter des avantages d'une bonne éducation,

NOUVELLE IMITATION LIBRE DE L'ANGLAIS ;

Suivie de petits Contes moraux et récréatifs, propres à former le cœur et l'esprit de l'Enfance.

Ouvrage également utile aux Pères et aux Mères qui président eux-mêmes à l'éducation de leurs enfans.

Par l'Auteur du Miroir de l'Enfance et de la Jeunesse, etc.

Le Conte fait passer le précepte avec lui.
LA FONTAINE.

A PARIS,

Chez Adrien Marrot, Libraire, rue Serpente, n°. 5,
Et à *Angoulême*, chez le même Libraire.

AN XIII.——1805.

PRÉLIMINAIRES

NÉCESSAIRES.

But de cet Ouvrage.

La nature n'ayant point destiné les femmes à gouverner l'État, ni à faire la guerre, ni à s'immiscer dans le ministère des autels, le soin de leur maison, de leur ménage, de leur famille, doit être leur principale occupation. Elles peuvent donc fort bien se passer des connaissances qui n'appartiennent qu'aux hommes (1).

____

(1) Telles que la politique, l'art militaire, la jurisprudence, la philosophie, etc.

La plupart même des arts mécani-
ques ne conviennent point à leur
sexe. Leur corps, ainsi que leur esprit, étant moins fort, moins ro-
buste que le nôtre, il s'ensuit naturellement qu'il ne leur faut que des
exercices simples et modérés. La
nature, en revanche, leur a donné
pour partage l'industrie, le goût de
la propreté et celui de l'économie et
de l'ordre, qui font à-la-fois le bonheur de leur maison et le charme de
leur société.

Cette faiblesse naturelle des or-
ganes des femmes démontre claire-
ment que plus elles sont faibles, plus
il est important de les fortifier dans
la route des devoirs qui sont attachés

à leur état ; devoirs importans, qui
sont la base du bonheur ou du malheur de la vie. N'est - ce pas elles,
dit un des plus vertueux prélats dont
l'église se soit honorée (1), qui rui-
nent ou soutiennent les maisons, qui
règlent tous les détails des choses domestiques, et qui décident, par conséquent, de ce qui touche de plus
près au bonheur de tout le genre humain?

Ainsi les femmes contribuent plus
ou moins aux bonnes ou aux mau-
vaises mœurs. Ainsi une femme vertueuse et sensée est, pour ainsi dire,
l'ame de toute une grande maison ;

____

(1) Fénélon..

elle y maintient l'ordre, l'économie, la sagesse et l'amour des devoirs (1); et, heureuse du bonheur de tout ce qui la compose, elle en fait la prospérité et l'ornement.

Ce n'est point un fantôme créé par l'imagination que ce monde dont on parle tant et qu'on s'attache si peu à connaître; c'est l'assemblage de toutes les familles, de toutes les vertus, comme de tous les vices : et qui peut y tenir une police, une surveillance plus exacte que les femmes? A l'au-

____

(1) « Les hommes mêmes, ajoute l'illustre archevêque de Cambrai, qui jouissent en public de toute l'autorité, ne peuvent, par leurs délibérations, établir aucun bien effectif, si les femmes ne leur aident à l'exécuter ».

torité que semble leur avoir donnée la nature, par la pratique de l'ordre, de l'économie et des vertus domestiques, elles joignent tous les avantages que donnent les soins, l'attention, la prévoyance et l'art de la persuasion. Eh ! quel serait donc le sort des hommes, si la plus belle moitié d'eux-mêmes faisait le tourment de leur vie ? Et quel serait celui des enfans, eux qui sont destinés à perpétuer les générations futures ; si les mères, dès leurs premières années, négligaient de leur former le cœur et l'esprit à l'exercice des vertus qui les rendent elles-mêmes recommandables ?

Ainsi les fonctions des femmes ne

sont pas moins importantes que celles
des hommes au bien de la société.
L'ordre d'une maison, le bonheur
d'un mari, l'éducation de leurs enfans, telles sont, ou telles du moins
doivent être leurs occupations; et
nous sommes fondés à croire que
celles qui s'y livrent avec cette ardeur, ce zèle et ce soin qui caracté-
risent une bonne épouse, une bonne
mère, une femme vertueuse, doivent
être pour la société des objets de tendresse, d'estime et de vénération, dont
il ne lui est pas plus permis de séparer
sa cause, que de la confier exclu-
sivement aux hommes, que leurs
passions emportent trop souvent
au-delà du vrai but de sa prospérité.

Considérons aussi que, si le bien que font à la société des femmes élevées dans ces principes est grand, le mal que lui causent celles qui manquent de cette éducation qu'inspire la vertu, est incalculable. La mauvaise éducation, dans une femme, a des conséquences bien plus funestes que dans un homme. Qui osera nier que les désordres auxquels s'abandonnent certains hommes, ne soient les malheureuses suites d'une mauvaise éducation de leurs mères, ou des passions que leur ont inspirées d'autres femmes qui ne valaient pas mieux ?

Rien ne prouve mieux l'importance d'une bonne éducation pour une jeune personne, que les tableaux multipliés que nous offre l'histoire des intrigues, de la corruption des mœurs, des guerres sanglantes, des innovations, des révolutions causées par le déréglement des femmes. C'est moins la légèreté de leur esprit et la faiblesse de leur cœur qu'il faut en accuser, que les vices de leur éducation ; et c'est à ceux-ci que nous nous empresserons toujours d'exciter le zèle des moralistes, des instituteurs, ainsi que des institutrices, à déclarer une guerre à mort.

L'ennui qu'éprouve assez ordinairement une jeune personne, cet ennui qui l'éloigne de toute occupation innocente, prend presque toujours sa source dans l'ignorance où la laisse trop souvent une éducation mal dirigée. Parvenue à l'adolescence, sans qu'on lui ait fait sentir le prix des occupations solides, on doit peu s'étonner qu'elle en fasse peu de cas. De-là vient que le sérieux lui paraît triste, et qu'une attention suivie n'offre à son esprit qu'une longue fatigue. Cette pente si glissante, qui entraîne si naturellement la jeunesse vers le plaisir ; l'exemple trop fréquent des dissipations de cet âge, qui n'est vraiment heureux que quand il est bien guidé dans les voies de la sagesse et de l'honnêteté, tout concourt à lui rendre redoutable une vie laborieuse et réglée.

Joignant à l'inexpérience de cet âge la privation de l'autorité convenable pour avoir, dans la maison de ses parens, la gestion de la moindre affaire, elle ignore même jusqu'à l'importance de s'y appliquer. Et d'où provient souvent cette ignorance ? Du peu de soin qu'aura pris sa mère à l'instruire de bonne heure des détails de l'économie d'une maison. Est-elle née d'un état et d'une condition qui la dispense du travail, peut-être voudra-t-elle bien lui donner un jour quelques instans, uniquement parce qu'elle entend dire qu'il sied bien aux femmes de s'occuper ; mais soyez bien sûr que jamais aucun travail suivi ne l'occupera, et que ce qu'elle en fait n'est plutôt que par air et par désœuvrement, que pour se donner à elle-même une occupation réelle.

Que voulez-vous qu'elle fasse avec de telles dispositions? Et si vous y ajoutez la continuelle surveillance d'une mère qui n'est attentive qu'à la reprendre, qui croit, en ne lui passant rien, lui donner une bonne éducation; qui souvent elle-même est obligée de se composer avec elle; qui lui fait supporter toutes ses humeurs; qui souvent affecte d'être surchargée de tous les soins domestiques; qui la contrarie, la gêne, la rebute, ce sera bien pis encore ! Environnons-la ensuite de femmes complaisantes et adulatrices qui, flattant bassement toutes ses fantaisies, l'entretiennent de tout ce qui peut la détourner du bien, et lui font haïr une règle ennemie de tous les plaisirs; et voyez ce qu'elle peut devenir, et si jamais elle pourra être capable d'aucune occupation utile?

Que restera-t-il de cette inapplication incurable? Que toutes les frivolités s'empareront de cet esprit si vide et si mal réglé; que de cet état d'oisiveté naîtront la paresse, la langueur de l'ame, source intarissable et funeste des ennuis qui l'assiégeront un jour.

Elle les ressent déjà ces ennuis: elle prend l'habitude d'un sommeil trop prolongé, et par conséquent nuisible à sa santé autant qu'aux avantages que l'esprit peut tirer d'une bonne constitution physique. Cette mollesse et cette oisiveté jointes à l'ignorance qu'elles entretiennent et fomentent, font naître en elle une sensibilité factice et préjudiciable à ses mœurs, qui ne s'éveille que pour les spectacles, les assemblées, ou la lecture des romans du jour, seules choses qui puissent exciter en elle une curiosité aussi insatiable qu'indiscrète, laquelle n'est ordinairement que le partage des personnes oisives et peu instruites.

L'instruction et l'occupation des choses sérieuses n'éprouvent ordi-

nairement qu'une médiocre curiosité. Ce qu'on fait de bon et d'utile
donne du mépris pour une foule de
choses frivoles qu'on ignore, ou qu'on
abandonne à l'empressement ridicule
des petits esprits toujours prêts à les
accueillir.

Et quelles sont ces occupations,
ces instructions si utiles, si recommandables pour les jeunes personnes?
Ce sont celles qui les conduisent à
des connaissances ou à des talens,
qui, sans être absolument nécessaires, les font ou estimer, ou aimer des personnes honnêtes et instruites, les seules dont elles doivent
ambitionner l'estime et rechercher
l'affection.

Mettre dans toutes ses actions

celle grâce modeste et touchante, qui est au corps ce que le bon sens est à l'esprit ; savoir bien sa langue, la parler correctement ; y joindre, si l'on veut, la connaissance de quelques autres langues vivantes ; donner à tout ce qu'on dit un tour naturel, gracieux et facile ; écrire comme on parle, ce qui n'est pas si aisé qu'on le croirait ; savoir l'histoire du monde en général, celle de sa nation en particulier, la fable autant qu'il est nécessaire pour l'intelligence des poëtes, la géographie, au moins les principales parties des deux hémisphères dont elle se compose, les différences des climats, les principaux états, les rivières les

plus connues, le nom et la situation
des lieux célèbres par de grands
évènemens, les villes les plus citées,
et ce qui les rend le plus recommandables, le nombre des souverains ou
des puissances dont on parle davantage, la religion dominante de
chaque état; connaître sur-tout le
pays où l'on est né, ou celui où l'on
vit, le génie de sa nation, et particulièrement celui de ceux avec lesquels
on est obligé de vivre; rendre tous les
devoirs de bienséance et de civilité
qu'on doit à chacun; n'avoir, dans
la conversation, ni trop d'empressement pour parler, ni la ridicule et
sotte réserve du silence de la timidité; ne relever les sottises de per-

sonne ; laisser jouir les plus faibles de la bonne opinion qu'ils ont d'eux-mêmes , et que les autres peuvent avoir d'eux ; s'éloigner également d'une servile complaisance et d'une délicatesse importune ; distinguer ce qui convient aux entretiens sérieux, de ce qui convient aux conversations enjouées ; ne jamais porter un air grave ou contristé dans les lieux où règne une joie innocente et tranquille ; tâcher de contribuer au plaisir des autres par des manières liantes et affables, par l'agrément de sa conversation, par des amusemens honnêtes ; tel est à-peu-près le but auquel doivent tendre les occupations utiles d'une jeune personne. Mais combien de tems n'exige pas l'étude approfondie de tant de devoirs différens?

Au lieu de tout cela, les jeunes personnes oisives, et par conséquent mal instruites, ont une imagination toujours errante, qui les éloigne de cette étude si utile, et nous dirons même si nécessaire. Faute d'aliment solide, leur curiosité se porte toute avec ardeur vers les objets vains et dangereux pour elles. Celles qui sont spirituelles en deviennent bientôt présomptueuses au point d'en devenir insupportables, et ne lisent que les livres propres à nourrir leur vanité. Les comédies, les romans, les récits aventureux, chevaleresques et imaginaires sont ceux pour lesquels elles se passionnent le plus. Le langage magnifique des héros de romans auquel insensiblement elles ont accoutumé leurs oreilles, leur tourne la tête ; et tous ces sentimens exagérés, et toutes ces passions si sublimes, toutes ces aventures que l'auteur n'a inventées que pour trouver des lecteurs qu'ils ne tardent pas à rendre aussi extravagans que lui, n'ayant aucun rapport avec les motifs qui déterminent toutes les actions de la grande scène du monde, il en résulte toujours qu'elles y arrivent plus folles et plus ignorantes que la plus simple paysanne du village où domine

pompeusement, ou le château, ou la
maison de plaisance de madame
leur mère (1). Combien il doit leur
paraître cruel, en effet, de descendre

---

(1) Il en est qui poussent encore plus
loin la curiosité, et qui se mêlent, malgré
leur incapacité reconnue, de vouloir décider sur la religion. D'autres, dont l'esprit
ne peut pas s'élever jusqu'à cette impor-
tante matière, ont un genre de curiosité
plus proportionné à leurs facultés ; c'est
de vouloir être au courant de tout ce qui
se passe ; savoir une chanson, une nouvelle, une intrigue, recevoir des lettres,
lire celles des autres. Elles veulent qu'on
leur dise tout, comme elles veulent aussi
tout dire. Elles sont vaines, et la vanité
aime à dire beaucoup de paroles ; elles
sont légères, et la légèreté empêche les
réflexions qui feraient souvent garder le
silence. On parle peu quand la vanité ne
fait point parler ; et l'intempérance de la
langue est vraiment une fille de l'orgueil.

du faîte le plus élevé de l'héroïsme aux détails les plus minutieux du ménage !

Ces inconvéniens, et tant d'autres, dont nous avons cru devoir épargner la triste énumération à la délicatesse des jeunes personnes, que notre unique but est, au contraire, d'encourager et d'éclairer sur les suites funestes d'une éducation mal prise ou mal suivie, non moins que les considérations importantes que nous venons d'énoncer d'après les maximes de l'illustre archevêque de Cambrai, nous ont engagés à leur offrir ici, ainsi qu'à leurs pères et mères, sous le voile de la plus douce et de la plus ingénieuse fiction, les préceptes nécessaires pour remplir dignement le vœu qu'il a manifesté (1) pour leur bonheur dans l'état social. Ici, comme dans son Télémaque, la morale mise en action, marche enveloppée des charmes d'une fable simple, naturelle et aimable, dont la vraisemblance se rattache toujours au train ordinaire des événemens de la vie, à la marche constante et soutenue des mœurs et des situations domestiques ; où la douceur et la bonté des caractères remplacent agréablement les tableaux effrayans et lugubres que nous offre trop souvent l'imagination vapo-

____

(1) Dans son Traité de l'Éducation des Filles.

reuse et délirante des romanciers modernes. Ici, l'auteur original offre une pauvre petite orpheline abandonnée, un enfant trouvé dans les champs, qu'un naturel excellent conduit, par les sentiers d'une bonne éducation, à la pratique des vertus les plus touchantes et les plus ho-norables pour l'humanité. L'orgueil, la sécheresse du cœur, si l'on peut risquer cette expression, la paresse, la gourmandise, tous les vices, en-fin, qui naissent ou se fortifient d'une éducation mal dirigée, y sont terrassés par les seules armes de la sensibilité, de la douceur, de la bienveillance et de la raison, dont l'héroïne et sa digne mère adoptive offrent les modèles enchanteurs. Nous avons dit que la morale y était mise en action ; nous aurions dû dire la vertu. Pour le vice, il n'y figure que pour se punir lui-même par la longue agonie que lui font éprouver ses remords.

Les suffrages que l'estimable Dame (1), auteur de cette trop courte production, a obtenus en Angleterre, sa patrie, où elle jouit de toute la considération due autant aux qualités de son cœur et aux grâces de son esprit, qu'à ses talens, nous ont engagés sans peine à reproduire son ouvrage, sur la dernière

____

(1) Madame Élisabeth Sommervill.

édition qui vient d'en paraître à Londres (1), dans la nouvelle imitation libre que nous en offrons aujourd'hui au public. Les divisions que nous avons cru devoir lui donner, pour faciliter à la jeunesse l'étude des leçons qu'elle y doit puiser, paraîtront infiniment plus commodes pour cet âge que les longs chapitres du texte original, et reposeront davantage son attention sur la morale qui en résulte. Enfin, nous n'avons rien épargné pour rendre notre MIROIR DES JEUNES DEMOISELLES digne à-la-fois et de son estimable auteur, et de l'objet important de son opuscule, et de

____

(1) Flora, ou la Fille volée.

l'intéressante portion de la société
à laquelle il est spécialement destiné, l'Enfance et la Jeunesse.

Ces deux âges, principalement
celui de l'enfance, trouveront dans
ce nouveau Miroir, à la suite de
l'École des Vertus, trois morceaux
détachés (1), dont la réunion nous
paraît non moins intéressante qu'in-
dispensable pour former le cœur et
le jugement de ces deux âges sur

____

(1) Ils sont intitulés :

1°. La Pyramide Égyptienne, *ou* les
Petits Exterminateurs.

2°. Théodore, *ou* le Petit Gourmand.

3°. La Bonne-Foi récompensée, *ou* les
deux Enfans généreux.

de grands points de morale qu'on a pris soin de mettre à leur portée, mais toujours sous le voile heureux de l'amusement; car, comme l'a dit notre inimitable fabuliste (La Fontaine), le seul, dans notre langue, qui possède la naïveté du style convenable aux enfans :

« Le conte fait passer le précepte avec lui. »

L'ÉCOLE

DES VERTUS.

L'ÉCOLE DES VERTUS,

ET PRINCIPALEMENT DE LA BIENFAISANCE,

OU

LA NOUVELLE ORPHELINE ANGLAISE.

§. Ier.

La pauvre petite malheureuse !

MADAME Friendly, veuve, âgée d'une quarantaine d'années, avait son habitation près d'un joli village dans le comté de Surrey. Elle jouissait d'une grande fortune ; et sa bienfaisance active, secondée par une bonté de cœur inépuisable, lui attirait la vénération du riche et les bénédictions du pauvre.

Se promenant un jour dans ses champs, par une belle matinée, accompagnée de son ancienne et fidèle femme - de - chambre Martine, elle fut fort étonnée d'y voir une petite fille âgée d'environ trois ans, qui dormait d'un profond sommeil sur l'herbe épaisse et fleurie.

Ni le bêlement des brebis, ni la gaîté folâtre des agneaux qui bondissaient près d'elle, et que son repos enhardissait à lécher son joli visage, rien n'avait pu la réveiller.

« Comment, dit Mad. Friendly, en regardant autour d'elle avec étonnement! Personne ici qui puisse nous indiquer à qui appartient cette enfant! Quel monstre assez dénaturé pourrait l'avoir abandonnée dans cette campagne? C'est donc dans l'intention barbare de l'y laisser périr ! Tendre et innocente créature!... Tu me fais peine ! Emmenons-la, Martine ; emmenons-là chez moi. Je ne la laisserai certainement pas mourir ici d'inanition. Pauvre enfant !... »

Ses yeux se mouillaient de larmes. Elle se pencha vers l'enfant, et prit une de ses petites mains que l'ardeur du soleil avait déjà rougies, et qui étaient croisées sur sa poitrine.

La petite fille s'éveilla ; et, levant les yeux sur ceux de Mad. Friendly, elle lui adressa un regard si triste et si touchant, que cette Dame, attendrie jusqu'aux larmes, n'eut plus d'autre sentiment que celui de la prendre sous sa protection.

« Voulez-vous venir avec moi, lui dit-elle, ma petite ? — Oh! oui bien, Madame! »

Puis, se levant avec précipitation, elle saisit la main de Madame Friendly, et celle de la femme-de-chambre, et les accompagna, sans se faire prier ; mais elle était d'une timidité extrême.

Quand on l'interrogeait, craignant vraisemblablement d'être grondée ou battue pour sa réponse, elle s'effrayait d'avance, et paraissait tellement alarmée, qu'on devinait aisément qu'elle avait été souvent maltraitée.

Mad. Friendly fut encore confirmée dans cette opinion, lorsqu'en la dépouillant de ses vêtemens sales et déchirés, elle vit son petit corps tout meurtri de coups. « D'où viennent donc ces marques à votre corps, ma petite, lui demanda-t-elle ? » L'enfant répondit : « Maman m'a battue. »

§. I I.

Changement du sort de l'Enfant.

QUELLE barbarie, s'écria Mad. Friendly!... Comment peut-on se permettre de frapper un enfant de cet âge ? Et comment vous appelez - vous, ma petite ? — Gervaise, Madame.

« Gervaise !... Ce nom, ainsi que les haillons qui la couvrent, désignent assez dans quelle classe elle a été élevée (1). Martine ! cette pauvre enfant n'a peut-être pas été baptisée ; je veux qu'elle le soit. Je la nomme dès ce moment *Flora* ; et

---

(1) Singulier préjugé, plus étonnant encore dans une tête anglaise !

j'espère que, bientôt, la couleur de ses jolies joues justifiera le nom que je lui donne. »

La prédiction de Mad. Friendly ne tarda pas à s'accomplir. Une nourriture saine, un bon coucher, un sommeil tranquille, rendirent en peu de jours à Flora toute sa fraîcheur.

La tendresse de sa bienfaitrice et l'affection de tous ses domestiques bannirent insensiblement sa timidité; et Mad. Friendly, qui se plaisait à lui faire elle-même épeler les lettres de l'alphabeth, vit bientôt que sa petite élève avait reçu de la nature les plus heureuses dispositions.

La bonté, la douceur, les attentions envers les supérieurs et les personnes âgées, ne manquent jamais de rendre les enfans plus intéressans encore aux yeux de ceux qui les aiment : c'est une vérité dont la petite Flora offrit la preuve.

Les domestiques la chérissaient, et lui rendaient avec un tendre et vif empressement tous les petits services que réclame toujours la faiblesse de l'enfance. Si Flora eût été impatiente, hautaine, vindicative, ils n'auraient pu sans doute se dispenser de suivre les ordres de leur maîtresse, mais ils auraient témoigné à la jeune pupille une répugnance à la servir, qui ne lui aurait que trop rappelé l'état de détresse et d'indigence d'où une main bienfaitrice l'avait tirée. C'est ainsi que ce qu'on appelle les bonnes façons, c'est-à-dire, les manières honnêtes, affectueuses et polies, gagnent tous les cœurs et les disposent favorablement pour les personnes qui les savent employer.

Mad. Friendly elle-même, était si fort attachée à la petite orpheline, qu'elle lui permettait de l'appeler sa maman, et n'épargnait ni soins, ni peines pour former son cœur et cultiver son esprit.

§. I I I.

Les six Schelings, la Poupée et l'Ane.

Quatre ans s'étaient écoulés depuis que la jeune Flora était auprès de sa protectrice, qui chaque jour la chérissait davantage. Les bonnes qualités de la pupille formaient la base de cet attachement.

Un jour, pour la récompenser de sa docilité et de son application, cette dame respectable fit présent à sa jeune élève de six schelings destinés à l'acquisition d'une poupée qu'elle avait remarquée dans la boutique d'un marchand de joujoux du village voisin, et qu'elle désirait ardemment d'avoir.

Enchantée de ce cadeau, Flora ne tarde pas à partir pour le village, avec la bonne Martine.

Quoiqu'il y eût au moins une bonne lieue à faire, la conversation ne roula que sur le nombre et la disposition des beaux vêtemens dont la nouvelle favorite serait parée.

Elles arrivèrent enfin au village, et reconnurent la boutique du marchand et la poupée à travers les vitreaux. Il n'y avait plus entr'elle et Flora que la largeur de la rue.

Oh ! vois, ma chère bonne, vois, vois, dit-elle, en sautillant de désir et de joie, comme elle est jolie ! Toute en cire !... Ces beaux yeux bleus si doux ! Ces lèvres vermeilles ! Que je serai heureuse et contente quand je l'aurai !

Cependant un groupe de monde s'était formé précisément devant la boutique, et empêchait Flora de traverser la rue. Son impatience assez vive s'en augmentait. Insensiblement quelques propos qu'elle entendit sortir de la foule assemblée, attirèrent son attention. Elle prêta l'oreille.

« Que vous êtes inhumain, disait une vieille femme à un rustre d'assez mauvaise mine ! Vous êtes un méchant. Pourquoi traitez-vous ainsi ce pauvre animal ? Je sais, moi, que votre âne vous rend de bons services. Voilà plus de quatre ans que je lui vois porter vos choux, vos navets, vos carottes ; et, à cause de cela, non content de laisser la pauvre bête presque mourir de faim, vous l'assommez de coups. Fi ! voyez s'il peut seulement bouger. »

« Oui, maîtresse ; oui, vous avez raison, dit le rustre, en lui faisant la moue ; il y a six ans que je l'ai acheté et payé à Jacques Brownr un, bel et bon écu. Donc il m'appartient ; donc j'ai le droit, quand il est indocile, de lui donner une bonne volée ; et si vous m'apparteniez, maîtresse, je vous en donnerais autant ».

§. IV.

L'Emplette singulière.

Tout l'auditoire se prit à rire du propos insolent de ce brutal , tant il est vrai qu'on rit plutôt de ce qui est mal que de ce qui est bien ; et le paysan recommença de plus belle à frapper son âne, qui, exténué, rendu, n'en pouvant plus , était étendu par terre , et n'avait plus la force de se relever.

Comme il agitait son bâton avec assez de violence , les spectateurs qui n'étaient pas de la partie , reculaient , dans la crainte de recevoir, comme on dit , des éclaboussures ; et Flora put jouir à son aise de l'affligeant spectacle qu'elle avait sous les yeux.

Cette scène lui fit oublier sa poupée. « O ma bonne, dit-elle à Martine, les yeux tout mouillés de larmes, quel méchant homme ! Voyez-vous comme il a mis tout en sang cette pauvre bête ? Si ma chère maman était ici, je crois qu'il n'oserait pas la battre ainsi devant elle. »

« A la bonne heure, répondit la bonne femme-de-chambre ; mais, en supposant que le respect suspendît un instant la furie de ce méchant, croyez qu'il frapperait son âne encore plus fort le moment suivant, et que le malheureux animal n'y perdrait rien. »

Mais, mon Dieu ! dit un des spectateurs au véritable âne (c'est le rustre qu'on veut dire), si vous ne voulez pas débarrasser ce pauvre animal de sa charge, ni lui laisser un peu de répit, vous allez le voir mourir sur la place ; il n'a plus de forces ; et vraiment, Dick, vous en avez reçu d'assez bons services, pour que vous le ménagiez davantage. Donnez-lui un peu de nourriture et de repos, et vous verrez qu'il pourra vous en rendre encore.

« Je ne veux, repartit le rustre, lui donner ni repos, ni nourriture davantage. Il n'a plus que sa peau qui vaille ; qu'on m'en donne un demi-écu (1), et je le cède à qui le voudra. »

« O ma bonne, s'écria Flora ! laissez-moi l'acheter : Maman ne le trouvera pas mauvais. On mettra cette pauvre bête dans le verger ou dans les champs. »

____

(1) Un peu plus de trois liv. tournois.

« Si vous dépensez, dit Martine, un demi-écu pour acheter cet âne, vous n'aurez plus de quoi avoir la poupée. »

« Oh, ma chère ! je n'y pense plus. Cette poupée (en jettant un coup-d'œil sur la boutique qui la re- célait), cette poupée, sans doute, est charmante ; mais elle ne souffre pas ; et peut attendre que je revienne la chercher ; au lieu que ce pauvre âne ne le peut pas, puisqu'il souffre. Songez donc que, si nous ne l'ache- tons pas, il va mourir sous les coups de ce méchant homme. Ma bonne !..»

Martine savait bien que ce trait du bon cœur de Flora ferait plus de plaisir que de peine à Mad. Frien- dly ; elle appela le rustre.

« Ecoutez, lui dit-elle, maître

Dick ; voici une jeune personne qui vous donnera le demi-écu que vous demandez pour votre âne. Débarras-sez-le de sa charge, et nous trouve-rons quelqu'un qui nous l'amenera. »

Surpris de cette offre inopinée, et peut-être jaloux de conserver la mal-heureuse victime de ses fureurs sous sa domination, le paysan regarda Flora et Martine avec une atten-tion à travers de laquelle perçaient à-la-fois la malice et la méchanceté.

« Je vous remercie, dit-il, Ma-dame. Ce que j'ai dit n'était que pour rire : Mon âne est une excel-lente bête ; je ne le donnerais pas pour un denier de moins que je ne l'ai acheté : Il me coûte cinq schelings, j'en veux cela, encore est-ce trop bon marché ; car j'ai pris bien de la peine à le dresser ; et, quoique vous lui voyiez en ce moment l'air un peu rechigné, il n'a besoin que d'être ravigotté par quelques bons coups de trique, pour redevenir leste et gai comme un pinçon. »

Il allait joindre l'action aux paroles. Flora poussa involontairement un cri, et la femme-de-chambre s'avançant : « Tenez, Dick, lui dit-elle, voilà cinq schelings: c'est le double de ce que vous me demandiez d'abord : vous devez être content. Déchargez votre âne, et remettez-le nous. »

Le villageois, réfléchissant que cinq schelings étaient un très-bon prix pour un âne presque mourant, rit sous cape, et prit l'argent. Son rire sardonique décelait la joie maligne qu'il ressentait d'avoir fait d'aussi bonnes dupes.

« Mesdames, dit-il, où allez-vous?
Je vous le conduirai, si vous voulez
me payer de ma peine. »

« Grand merci, dit Martine! ne
vous dérangez pas. » Puis, faisant
signe à un petit garçon qui se trouvait là dans la foule, elle le chargea
de la conduite du pauvre animal,
qui, dégagé de son fardeau, se re-
leva et les suivit avec une docilité ad-
mirable.

La pauvre bête ne marchait que
bien lentement : Flora ne voulut pas
la perdre de vue; elle ne songeait
plus du tout à la poupée : enchantée
de l'emplette qu'elle venait de faire,
l'aimable enfant revenait vers le
logis de sa bienfaitrice, avec la
bonne Martine.

§. V.

L'Ane en meilleure condition.

MADAME Friendly, au moment de leur arrivée, était dans la première cour, occupée à assujettir à de légers supports quelques fleurs favorites qu'elle cultivait elle-même, emblême heureux de l'excellente éducation qu'elle se plaisait à donner à sa jeune pupille !

« Eh bien, mon enfant, lui dit-elle aussi-tôt qu'elle l'apperçut, vous devez être contente à présent ! Voyons votre emplette. »

« Chère maman, j'ai acheté un pauvre âne, bien vieux, bien maigre, et qui est dans un état à faire compassion. »

« Comment un âne, reprit en riant Mad. Friendly ! et que voulez-vous faire de cet âne ?

« Voilà qu'il vient, chère maman ; il n'est qu'à quelques pas d'ici. Je l'ai acheté pour l'empêcher de mourir sous les coups d'un vilain homme qui l'assommait ; les larmes m'en sont venues aux yeux. Aussitôt j'ai oublié ma poupée ; et, avec la permission de Martine, j'ai acheté cet âne. Si j'ai mal fait, ma bonne maman, ne me grondez pas, et permettez-moi de mettre dans le verger ce pauvre animal. »

Mad. Friendly rassure d'abord Flora sur la crainte de son mécontentement, et demande ensuite une plus ample explication à Martine. Le récit exact de toute l'aventure parut lui faire un plaisir infini ; et elle embrassa avec tendresse sa sensible pupille.

« Ma chère Flora, lui dit-elle, ce trait qui m'enchante, me prouve toute la bonté de votre cœur. L'égoïste qui ne vit que pour soi, est indigne de l'estime des gens de bien. Les jeunes personnes qui peuvent voir de sang-froid des animaux souffrir, sont capables, dans un âge plus avancé, de voir les maux de leurs semblables avec la même insensibilité. Votre âne sera ici le bienvenu ; et j'espère que l'aisance et le repos lui auront bientôt fait oublier ses anciennes disgraces.

§. VI.

Nouvel exercice de l'Enfant.

Le bien-être et la tranquillité produisirent sur la pauvre ânesse (car
c'en était une) des effets sensibles :
elle se refit, engraissa, et redevint
de la plus belle tenue du monde. Elle
était si gaie, si douce, qu'elle sui-
vait Flora comme un épagneul.

Souvent l'aimable enfant, à l'aide
de la levée d'un fossé, lui montait
sur le dos, et se promenait ainsi à
travers la campagne. Cet exercice,
qui lui plaisait infiniment, n'égayait
pas peu sa digne bienfaitrice.

Comme l'ânesse ne pouvait aller

que sur l'herbe, Flora, même en
tombant, ne pouvait se faire le plus
léger mal ; et si, malheureusement,
il lui arrivait de faire une chûte, l'a-
nimal aussitôt s'arrêtait, comme par
instinct, et attendait tranquillement
que l'enfant fût replacée sur son dos.

§. VII.

*Maladie. Sensibilité. Soins assidus
et constans. Le lait d'Anesse.*

FLORA avait atteint sa dixième
année, quand Mad. Friendly gagna
dans une de ses visites de charité,
une fièvre maligne qui prit d'abord
un caractère si violent, que peu s'en
fallût que la souffrance n'altérât ce
calme heureux, cette constante éga-

lité d'humeur que fortifiaient encore
en elle la religion et la raison d'ac-
cord avec la gravité de son âge et
l'état paisible de son ame. Elle n'eut
point de garde plus vigilante, plus
assidue que sa jeune pupille, dont
le cœur ouvert aux tendres impres-
sions de la sensibilité, trouvait bien
doux de reconnaître ainsi les soins
qu'on avait pris de son enfance.

Constamment assise auprès du lit
de sa bienfaitrice, elle épiait atten-
tivement tous ses désirs; vous eussiez
dit que son œil, prompt à les saisir,
même avant leur expression, faisait
mouvoir ses pieds, plus prompts encore pour les prévenir; ou, si les
accès de la fièvre diminuaient, et
que sa protectrice goutât quelques
instans de repos, Flora, redou-
blant d'attentions, respirait tout

bas, craignant que son souffle même ne la dérangeât de son sommeil.

Enfin, aux grandes crises de la maladie, succéda une langueur plus dangereuse encore, et dont le médecin conçut de vives alarmes. Pour prévenir la consomption qui menaçait la malade, il ordonna le lait d'ânesse.

Précisément à cette époque, Jenny (ainsi Flora nommait son ânesse) venait, à sa grande satisfaction, de donner le jour à un bel ânon. L'honnête pupille n'eut pas plutôt entendu l'ordonnance du docteur, qu'elle s'écria en sautant de joie : « Oh, mon Dieu ! que je suis contente d'avoir fait l'acquisition de cette pauvre Jenny ! Vous m'avez souvent dit, ma très-chère maman, que la compassion pour tout être malheureux ou souffrant, trouvait toujours dans ce monde, ou dans l'autre, sa récompense ; dès ce monde - ci, bonne maman, je serai bien récompensée, si le lait de Jenny parvient à vous rendre la santé, et je bénirai toute ma vie l'événement qui m'a fait lui donner la préférence sur la poupée ! »

Tous les jours, dès sept heures du matin, la tendre Flora recevait de la servante de la laiterie une demi-pinte de lait d'ânesse, qu'elle présentait à Mad. Friendly, avec toutes les grâces de son âge ; et jamais elle ne manquait, en lui présentant ce breuvage, d'élever en silence ses yeux vers le ciel, pour obtenir de la miséricorde divine la guérison de ce qu'elle avait au monde de plus cher.

§. VIII.

*Efficacité des prières de l'inno-
cence. Expressions de sensibilité, etc.*

LES prières de l'innocence et de
la sincérité du cœur, montent di-
rectement à Dieu. En fort peu de
tems, les roses de la santé rempla-
cèrent la pâleur de la maladie et de
la langueur sur le visage de Madame
Friendly.

Un si heureux changement péné-
tra le cœur de Flora de joie et de
reconnaissance envers le ciel; et son
ânesse en avait sa part. Souvent,
comme si le bon animal avait pu

l'entendre, elle lui parlait à-peu-près en ces termes : « Ma Jenny (en lui présentant une poignée d'herbes que l'ânesse mangeait dans sa main), tu m'as déjà rendu bien au-delà des cinq schelings que j'ai payés pour t'avoir. Je voudrais pouvoir t'en témoigner plus vivement ma reconnaissance. C'est toi que la providence a daigné choisir, pour être en cette occasion l'instrument de sa bienfaisance envers moi. Toi seule, avec l'aide de Dieu, tu m'as rendu le guide de ma jeunesse, ma tendre et généreuse protectrice. Oh ! combien je te dois pour un si grand bienfait ! »

Mad. Friendly, se trouvant un jour derrière une haie, surprit et entendit une de ces naïves effusions de l'ame de sa jeune pupille. Elle crut ne devoir lui en rien dire ; mais ce

trait d'attachement et de sensibilité
l'attendrit jusqu'aux larmes.

« Cette jeune plante, disait-elle à
sa femme-de-chambre, que le ciel
a daigné confier à mes soins, s'éle-
vera un jour à une grande hauteur :
j'ai les plus doux pressentimens que,
non-seulement elle honorera son
sexe, mais qu'elle fera la joie et la
gloire de ceux qui l'auront cultivée. »

§. IX.

*Rétablissement d'une santé chère.
Effets d'une bonne éducation.
Instruction du sentiment.*

RENDUE à la santé, ainsi qu'aux
vœux de sa jeune élève, Mad. Friendly avait recouvré toute sa sérénité.

« Quelle différence, se disait-elle à elle-même, entre les attentions que j'ai reçues de ces personnes qui m'aiment, et celles qui naissent d'un vil intérêt ou d'une crainte servile ! » Elle se représentait sur-tout avec délices la naïve tendresse de sa Flora, et cette voix si douce, qui tant de fois avait porté la consolation jusqu'au fond de son cœur, et ces prières muettes et sincères adressées chaque jour au ciel pour la conservation de ses jours. Combien alors la reconnaissance de l'être intéressant que sa bienfaisance avait sauvé des horreurs de l'indigence et de la misère, flattait délicieusement sa belle âme !

Mad. Friendly ne pouvait plus se passer un instant de sa Flora ; elle était devenue son inséparable ; et si Flora n'était pas à ses côtés, toute promenade lui paraissait triste et maussade. Flora lisait parfaitement bien, et accompagnait ses lectures de réflexions et de remarques si justes pour son extrême jeunesse, que sa protectrice ne pouvait se défendre d'un secret mouvement d'admiration pour le bon usage que sa pupille avait fait de l'excellente éducation qu'elle lui avait donnée, et des heureux talens qu'elle avait reçus de la nature.

Par ce que nous avons déjà fait connaître des goûts simples et naturels de Mad. Friendly, on a pu pressentir aisément que la botanique était une de ses principales études : aussi Flora s'attachait-elle avec une sorte d'attention religieuse à cultiver les plantes et les fleurs les plus chères à sa bienfaitrice.

Il en était de même des personnes que Mad. Friendly distinguait : Flora leur témoignait toute l'estime et la vénération qu'elle croyait devoir à ceux que sa protectrice honorait de la sienne. C'est ainsi qu'instruite par le seul sentiment, cette estimable fille ressentait toute l'étendue des bienfaits qu'une seconde mère avait prodigués à son infortune.

§. X.

Études de notre Héroïne. Bonté singulière. Les seuls charmes désirables.

FLORA se livrait avec une vive ardeur à l'étude de la géographie, de la grammaire, de la musique, du dessin et de la partie théorique de toutes les sciences que Mad. Friendly jugeait propres à orner son esprit, ou à rectifier ses idées.

« Je veux, ma chère amie, lui répétait-elle souvent, je veux vous garantir à-la-fois de l'air de contrainte et d'embarras et des autres désagrémens qu'éprouvent ordinairement dans la société celles d'entre nous qui n'ont aucune instruction, non moins que de la morgue pédantesque et ridicule qu'y portent celles qu'on désigne particulièrement sous le nom de savantes. »

Quatre ans s'écoulèrent ainsi, pendant lesquels Flora s'embellissait de tous les charmes de la jeunesse. Douée par la nature de l'extérieur le plus avantageux, du caractère le plus affable, elle inspirait déjà l'estime et le respect. Ainsi la pauvre petite abandonnée que la compassion de Mad. Friendly avait recueillie onze ans auparavant, était déjà presque une jeune femme charmante, accomplie, douée de la plus belle éducation, et joignait les grâces les plus touchantes à toutes les qualités du cœur, à tous les agrémens de l'esprit le plus cultivé.

§. XI.

Anniversaire. Manière de le célébrer. Calcul honnête et intéressant.

MADAME Friendly n'avait pas pu se procurer une connaissance bien exacte du jour de la naissance de

Flora ; mais elle n'avait jamais manqué de célébrer par une petite fête celui qui la lui avait offerte dormant dans la campagne où elle l'avait trouvée.

Cette dame était, ce jour-là, dans l'usage de garnir la bourse de sa pupille ; et Flora, de son côté, qui n'éprouvait chez elle aucun autre besoin que celui d'exercer la générosité de son cœur, ne manquait pas d'en faire la distribution entre les domestiques toujours prêts à la servir, et à reconnaître ses attentions aimables.

On était au onzième de ces anniversaires, lorsque madame Friendly, dès le matin, dit à Flora : « Jusqu'à ce jour, ma chère amie, je ne vous ai donné que de légères sommes, avec la pleine et entière liberté de les dépenser à votre volonté. Vous étiez un enfant ; mais à présent que vous avez acquis plus de maturité, recevez cette bourse aux mêmes conditions d'en faire l'emploi que vous jugerez à propos. »

Elle n'ignorait pas l'usage que sa pupille avait précédemment fait de ses petits dons, mais elle voulait voir celui qu'on ferait alors d'une somme plus considérable : elle se retira aussitôt pour se soustraire aux remercîmens qu'allait lui faire Flora.

Elle avait brodé elle-même la bourse qui contenait six guinées et un papier plié sur lequel Flora lut ce qui suit : « Ce ne sont point de vains remercîmens que j'attends de ma chère enfant ; mon premier et unique vœu est de la voir persévérer dans cette bonne et noble franchise

qui lui a gagné mon cœur. Faites en
sorte, ma chère Flora, de mériter
chaque année, de plus en plus les
bontés du Tout-Puissant et l'attachement de vos amis. C'est ainsi que
vous me récompenserez amplement
des services que j'ai pu vous rendre,
et que vous retarderez de quelques
instans les approches et les infirmités
de la vieillesse prête à fondre sur
moi : ainsi vous obtiendrez toute l'estime, toute la confiance de votre
mère adoptive. Oui, ma chère Flora,
si la sagesse et la vertu habitent toujours dans votre cœur, comme j'ai
tout lieu de l'espérer, vous pouvez
compter que je mettrai à votre disposition une fortune qui surpassera
vos désirs, mais dont une portion
ne sera pour vous qu'un dépôt que
je ne vous confierai qu'autant qu'une
conduite régulière et soutenue

m'aura prouvé qu'après moi , vous saurez faire une sage et équitable distribution de mes bienfaits. »

« Après elle , s'écria Flora fondant en larmes ! Oh, veuille, veuille le ciel l'éloigner , cet affreux moment !.. Mais voyons, continua-t-elle, après avoir laissé pendant quelques instans un libre cours au sentiment qui l'oppressait ; comptons : Ma chère maman n'a pas plus de cinquante ans ; moi , j'en ai quatorze ; elle n'a donc que trente-six ans plus que moi ; et, si le ciel daigne prolonger ses jours au terme qu'il accorde à beaucoup d'autres , nous pourrons encore, ô bonne et chère maman , vieillir et même mourir ensemble ! »

Ce petit calcul adoucit un peu l'amertume du chagrin de Flora.

Après quelques instans de réflexion,
elle ajouta : « Maman regarde ce
jour (1) comme un jour de fête ; ce
serait mal répondre à ses bontés que
de reparaître avec un visage triste
devant elle : séchons nos pleurs, et
reprenons cet air de satisfaction et
de sérénité qu'elle aime, dit-elle,
tant à me voir.

§. XII.

*Ecoles de Charité. Prédilection
aventurée. Visites dans les Chaumières. Argent bien employé.*

Pleine de cette idée, notre jeune
pupille se hâta de rejoindre sa bien-

____

(1) L'anniversaire de Flora.

faitrice, et lui demanda aussitôt la permission de sortir accompagnée de Martine.

Cette demande n'ayant pas éprouvé la plus légère difficulté, elle se rendit droit aux écoles de charité.

Là, elle s'informa de la capacité, du caractère et des bonnes qualités des élèves, et distribua à chacune d'elles de petites sommes qu'elle doublait, ou même triplait, selon que le rapport de la directrice était plus ou moins avantageux. Toute cette distribution fut faite au nom de Mad. Friendly, dont le nom généralement vénéré, était bien connu dans ces écoles.

Une de ces petites filles, âgée d'environ dix ans, attira particulièrement l'attention de Flora. Elle était fort jolie ; et les grâces de sa figure étaient rehaussées encore par le voisinage d'un autre enfant dont l'air était tout-à-fait commun, mais qui, soit timidité, soit application au travail, ne levait pas les yeux de dessus son ouvrage..

Comme Flora et Martine se disposaient à sortir de l'école, la plus jolie de ces deux enfans se leva par ordre de la maîtresse, et courut pour ouvrir la porte à Flora, qui charmée de la bonne grâce de cette petite fille, et toujours prête à céder à sa générosité naturelle, l'embrassa et lui donna, pour elle seule, un demi-écu (1).

En sortant de l'école de charité,

____

(1) On en a plus haut indiqué la valeur.

Flora visita les chaumières de quelques villageois indigens auxquels Mad. Friendly avait coutume de faire passer des secours. Elle y fit quelques légers dons aux femmes que leur âge trop avancé mettait dans l'impossibilité de travailler.

Elle donna aux enfans de quelques journaliers laboureurs, de l'argent pour acheter de forts souliers qui pussent leur garantir les pieds de l'humidité et des autres inconvéniens d'une mauvaise chaussure. Le seul acte de reconnaissance qu'elle exigea de ces bonnes gens, fût qu'ils se trouvassent tous, le dimanche suivant, à l'église. Elle savait que rien ne flattait davantage sa chère protectrice que de les voir remplir exactement les devoirs de la religion, et que sa plus grande jouissance était d'observer leur zèle et leur recueillement dans les hommages dûs à la divine Providence, dont elle était auprès d'eux comme l'intermédiaire, ou plutôt l'emblême agissant.

§. XIII.

Retour à la maison. Rencontre et découverte inattendue. Orgueil et mauvais cœur.

APRÈS avoir ainsi distribué plus des trois quarts de sa bourse, Flora reprit avec Martine le chemin de la maison. Comme elles traversaient des champs appartenans à Madame Friendly, et qu'elle marchait le long d'une haie assez épaisse, qui les séparait dans un certain endroit du chemin, elles entendirent la voix tremblante d'une femme qu'elles jugèrent d'un âge avancé, qui se mêlait aux voix plus grêles de deux enfans qui semblaient avoir querelle ensemble.

« Oui, disait une de ces petites filles à l'autre, vous êtes une méchante; et si je ne craignais de tourmenter votre pauvre mère qui depuis si long-tems est malade, j'irais tout à l'heure me plaindre; mais vous pouvez compter, Nancy, que je me plaindrai à la maîtresse; et de plus si vous vous avisez encore de faire de vos méchancetés à ma grand-maman, malgré que vous soyez plus grande que moi, je vous battrai et ne vous ménagerai pas. Vous vous imaginez, parce que je suis assez

bonne pour me laisser pincer et dé-
chirer mes robes par vous, sans parler de mon pauvre chat à qui vous
ne cessez de tirer les oreilles et de
faire du mal ; vous vous imaginez
encore une fois que je ne me *revan-
cherai* pas ; vous vous trompez, et
je vous ferai voir que vous êtes dans
l'erreur. »

« Ma chère enfant, disait la bonne
femme âgée, laisse là cette méchante
créature : à quoi te sert de te dispu-
ter avec elle ? Il est vrai qu'elle aurait pu me faire briser la tête, en
me faisant tomber ; mais puisqu'elle
a manqué son coup, laisse-la pour
ce qu'elle est. Si elle vit assez long-
tems pour devenir presque aveugle
et impotente de ses membres, peut-
être se souviendra-t-elle qu'elle m'a
traitée cruellement ; et ce souvenir

la punira. Elle sentira alors qu'il est difficile de supporter à-la-fois les remords d'une mauvaise conscience avec les infirmités de la vieillesse. La paix de l'ame, au contraire, affaiblit la souffrance. Vous serez punie, méchante enfant ! Vous avez plus long-tems à vivre que moi ; vous attendez la peine, et moi je touche au moment d'une récompense éternelle ! »

« Je m'embarrasse bien de ce que vous dites, répondit l'insolente Nancy. Je serais trop punie d'être aussi laide que votre Marie : mais je suis une jolie personne, et tout le monde me fait accueil et amitié. Voyez comme j'ai plu, tout à l'heure, à miss Flora, l'amie de madame de Friendly, et la récompense que j'ai reçue d'elle.... J'ai bien entendu,

comme je lui ouvrais la porte, mademoiselle Martine dire : « Voilà
une jolie enfant ; elle est charmante !
enfin miss Flora m'a donné un demi
écu pour moi seule ; tandis que votre
Marie , pour la récompense de sa
belle application au travail , n'a eu
qu'un scheling. »

§. XIV.

*Orgueil abaissé. Bon cœur récom-
pensé. Bonne leçon.*

FLORA , qui était la douceur et
la bonté même , ne put pas tenir à
cet excès d'effronterie. Elle s'élança
sur la levée ; et écartant les bran-
chages de la haie , à travers des-
quels elle passa sa tête : « Il est cer-

tain , lui dit-elle du ton le plus ani-
mé , mademoiselle , que j'ai fait la
plus haute des sottises , en vous dis-
tinguant de vos compagnes ; car il
me paraît que vous n'avez pour vous
que la figure. Maintenant que je vois
le fond de votre caractère, vous êtes
plus effroyable à mes yeux que la
plus difforme des négresses. »

S'adressant ensuite à l'autre enfant , elle ajouta : « Pour vous, Marie , (car je crois que c'est ainsi
qu'on vous nomme) votre attachement pour votre grand-maman sera
connu de madame Friendly, qui saura vous en récompenser. En attendant , approchez , et recevez cet
écu (1) que je vous donne , comme

---

(1) Un peu plus de six francs. Ces notes
sont ici fort importantes pour régler la
générosité des enfans.

un gage du plaisir que me font vos bons sentimens. Retournez chez vous ; dînez bien , et dans peu vous aurez de mes nouvelles. »

Flora dit, et s'éloignant de la haie, elle disparut si vîte, que ni la grand-mère , ni l'enfant n'eurent le tems de la remercier de ses bontés.

§. XV.

Bourse vidée. Imprudence avouée, etc.

NOTRE bonne et aimable héroïne ne fut pas plutôt de retour chez sa bienfaitrice, qu'elle distribua comme à l'ordinaire , le reste de sa bourse aux domestiques. « C'est pour avoir

des rubans, disait-elle aux servantes;
et vous (aux hommes), c'est pour
avoir des gants.» Ensuite, elle courut auprès de madame Friendly,
que la femme-de-chambre avait eu
le tems d'informer de leurs avan-
tures.

« A merveille, dit-elle, ma chère
enfant ! j'ai ouï parler de vos largesses ; mais quel cadeau aurai-je,
moi ? Hélas ! ma très-chère, et très-
honorée bienfaitrice, il ne me reste
qu'un cœur plein de tendresse, de
reconnaissance et de sensibilité à
vous offrir. Je prie le ciel de me
faire la grâce d'être toujours digne
de vos bontés ; mais je vous avouerai
qu'aujourd'hui, je me suis à-peu-près
conduite comme une étourdie. Quoique votre pupille, madame, depuis
plusieurs années ; quoique formée

par vos leçons et par vos exemples,
j'ai eu la faiblesse de me laisser aller
à l'extérieur d'une petite personne,
qui me paraît cacher un bien mauvais cœur, sous les dehors les plus
avantageux. Oh, madame! une pa-
reille erreur de la part d'une de vos
élèves est vraiment impardonnable;
et tout ce que je puis vous dire pour
pallier, s'il est possible, une bévue
aussi grossière, c'est que vous m'en
voyez si repentante et si humiliée,
que j'ose espérer que vous daignerez
me la pardonner. »

« Je sais tout, ma chère amie,
dit madame Friendly, et je suis au
reste fort contente et de ce que vous
avez fait, et de vous. Votre prédilection en faveur de la figure est une
faute dans laquelle chacun tombe
tous les jours ; et si un demi-écu

vous a valu un grain d'expérience
qui puisse vous préserver à l'avenir
d'une erreur semblable, vous pouvez compter que c'est de l'argent
bien placé. Quant à l'enfant qui fait
voir tant d'attentions pour sa grand-
mère, c'est à vous d'en agir comme
vous le jugerez convenable envers
elle ; vous me trouverez toujours
prête à seconder vos désirs de bienfaisance envers ceux que, vous et
moi, nous en croirons dignes. »

Flora remercia vivement sa protectrice ; et, comme il n'était pas
encore l'heure de dîner, voici un
livre, dit-elle en le prenant sur une
table : Voulez-vous, madame, que
je vous fasse une petite lecture ? »

« Volontiers, répondit madame
Friendly. Ce livre est un recueil de

pièces détachées : Choisissez celle que vous jugerez à propos de lire. »

Flora feuilleta le livre, et s'arrêta enfin à un article intitulé : Anecdote du cardinal de Viviers.

§. XVI.

Lecture. Le profit qu'on en tire, etc.

—

« JEAN de Brogni, cardinal de Viviers, président du concile de Constance, et doyen du sacré collége, avait, dans son enfance, gardé les pourceaux. Quelques moines, passant par le canton où il exerçait cette profession peu relevée, admirèrent le bon sens et la vivacité de ses réponses. Ils lui proposèrent de l'emmener à Rome, et de lui faire faire ses études.

L'enfant reçut de grand cœur la proposition, et courut aussitôt prier un cordonnier de sa connaissance de lui vendre une paire de souliers pour le voyage. Celui-ci qui connaissait son indigence, mais qui lui voulait du bien, lui fournit une paire de souliers, en lui disant : « Allez ; quand vous serez Cardinal, vous me les payerez. »

Le petit Brogni devint en effet Cardinal. Il paya généreusement au brave cordonnier sa paire de souliers, mais il fit davantage encore : voulant, autant pour lui que pour la postérité, perpétuer le souvenir de son ancien état, il fit bâtir à Genève, vis-à-vis le portail de l'église de St.-Pierre, une chapelle dans laquelle il fit graver sur une des pierres toute son aventure. »

Le Cardinal y était représenté jeune, sans souliers, et gardant les pourceaux. Autour du tableau, sur le mur, étaient représentés un grand nombre de souliers, en mémoire du bienfait qu'il avait reçu de l'honnête cordonnier. Ce monument subsiste encore à Genève, et honore à-la-fois la mémoire et l'humilité du Cardinal, qui n'oublia jamais ni son premier état, ni sa première paire de souliers. »

« Pourquoi, Flora, dit madame Friendly , vous attachez-vous de préférence à cette histoire ? Il me semble que ce recueil en contient de plus intéressantes. »

Madame, répondit l'honnête fille

en rougissant, j'ai par hasard jeté les yeux sur celle-ci, et je crois qu'elle a beaucoup d'analogie avec la mienne. Aussi fière de vos bontés que du titre de votre fille, je sens que j'ai quelquefois besoin de me rappeler mon premier état, pour me préserver de la vanité. J'ai plus d'une fois interrogé Martine sur ma mise, mon maintien; sur le singulier spectacle que je dûs offrir à vos yeux, quand le ciel permit que vous me vîtes endormie dans vos champs; et j'ai tracé sur mon livre de dessins la représentation la plus fidèle qu'il m'a été possible d'un moment qui fut pour moi si heureux. Tous les jours, Madame, je contemple cette esquisse, et il me semble que cette contemplation me sert infiniment à combattre un penchant que vos leçons m'ont appris à regarder comme très-répréhensible et même condamnable. »

§. XVII.

Le Livre de Dessins.

CE nouveau trait de caractère de Flora, parut faire un extrême plaisir à madame Friendly.

« Oh ma fille bien-aimée, lui dit-elle, conservez toujours ces heureux sentimens ! attachez-vous avec soin à fermer votre cœur à un vice qui vous rendrait ingrate envers Dieu et les hommes. Vous pensez bien que je n'ai pas l'intention de vous humilier, ma chère Flora ; et je vous avoue que vous me ferez grand plaisir de me faire voir vos dessins. »

Flora rougissait et gardait le silence.

« Si mon désir vous contrarie, dit
du ton le plus affectueux madame
Friendly, j'y renonce. » — Oh,
madame, répartit l'aimable fille,
toutes mes pensées, toutes mes
actions, sont subordonnées à l'examen de votre sagesse. Ce n'est pas
une fausse honte qui me privera jamais d'un avantage aussi précieux
pour moi. »

En disant cela, elle sortit de l'appartement et revint un instant après
avec son livre de dessins, qu'elle plaça
devant sa protectrice ; puis sortit
encore.

Sur la première page s'offrait la
situation dans laquelle Flora avait

été trouvée, représentée au crayon;
et cette représentation était si fidèle,
qu'elle étonna madame Friendly. On
lisait au bas du dessin, ces mots
écrits de la main même de l'artiste :
« Telle fut Flora. »

Madame Friendly admira pendant
quelque tems cette esquisse. Curieuse
d'en voir la suite, elle tourna le
feuillet, et fut infiniment moins
contente. Sur cette seconde feuille,
Flora s'était représentée dans tout
l'éclat de sa jeunesse, et avec les
agrémens extérieurs dont elle était
ornée. Elle avait écrit au bas : « Telle
est Flora. »

De tous les vices, la vanité était
celui que madame Friendly détestait
le plus. Mécontente de ce second
dessin, mais non pas de son exécu-

tion, elle fut tentée de refermer le cahier. Cependant la curiosité l'emporta ; elle voulut voir le dessin suivant, et passa à la troisième feuille. Quel spectacle ! Un squelette humain étendu dans un cercueil !.. Ce sujet vigoureusement dessiné, et avec plus de soin encore que les deux précédens, était intitulé : « Telle sera Flora. »

A cet aspect, madame Friendly fut à peine maîtresse de sa sensibilité. Elle remercia vivement le ciel d'avoir daigné confier à ses soins un enfant qui déjà s'attachait avec tant de soin et de talent à opposer l'heureux préservatif de la sagesse et de la religion aux suggestions perfides de la vanité.

Quand elle fut remise de son émotion, elle continua son examen, et trouva son portrait et celui de plusieurs de ses amis, avec quelques paysages, et d'autres sujets de fantaisie sur les autres feuilles.

La cloche annonça le dîner. Madame Friendly ayant fait appeler Flora, l'embrassa avec tendresse, et, s'appuyant sur son bras, se rendit avec elle à la salle à manger.

§. XVIII.

L'honnête Indigence soulagée. Malheur à la Méchanceté! Sage Réflexion.

MADAME Friendly avait chargé Flora de prendre des informations sur la situation de la grand-mère de

Marie , qui se nommait la femme Davis. Le résultat lui en fut si favorable , que Flora n'hésita point sur le parti qu'elle prit de la servir auprès de sa mère adoptive.

Depuis plusieurs années , cette bonne femme, qui n'avait d'autres ressources que ses aiguilles à tricoter et son rouet pour filer , prenait soin , quoiqu'infirme , de la petite Marie qui était orpheline , et qu'elle avait vu naître.

Madame Friendly, instruite par Flora de ces particularités , accorda aussitôt à la bonne Davis , un demi-écu par semaine ; et proposa d'envoyer la petite Marie à l'école du soir , pour apprendre à écrire et à compter.

Ces dispositions ainsi arrêtées ,

Flora courut à la chaumière qu'habitaient ces bonnes gens, pour leur faire part du succès de ses démarches auprès de sa généreuse protectrice.

Flora se présente, à peine croit-on ce qu'elle annonce; mais, sur ses assurances réitérées, on n'en doute plus; et les larmes de la joie et de la reconnaissance coulent à la nouvelle de ce bonheur inespéré.

« Vous nous rendez plus heureuses que des reines, miss, s'écriait Marie. Ma bonne grand'maman sera mise désormais comme tout le monde. Elle aura un cotillon brun de bonne étoffe, un tablier à la mode, et une capote pour les dimanches. Peut-être même pourrons-nous lui avoir, pour l'hiver, une mante rouge; car nous filerons et nous tricoterons comme à notre ordinaire.... O ma chère miss, à peine puis-je contenir l'excès de ma joie! Mon cœur bat comme s'il voulait s'échapper, pour voler dans le vôtre. Nous aurons toujours le buffet bien garni de pain et de fromage, et quelquefois même un peu de viande.... « Ici la petite Marie n'y tint pas, et sa voix fut étouffée par un torrent de joyeuses larmes (1). »

La bonne Davis n'était pas moins satisfaite; mais sa joie tempérée par l'âge, quoique non moins vive sans doute que celle de sa petite fille, était plus calme et moins démonstrative.

———————————

(1) Nous conservons ici cette expression, parce qu'elle nous paraît vive et pittoresque.

Elle reprit Marie de ce qu'elle appelait sa trop grande familiarité ; mais Flora, loin de se croire offensée, prit la main de Marie, et lui donna de nouvelles assurances de la protection de Mad. Friendly.

« La pauvre Nancy Bennet, dit alors Marie, ne pensait guères, lorsqu'elle fit tomber ma grand'maman, que sa méchanceté serait la cause du bonheur qui nous arrive aujourd'hui. M. le curé avait bien raison de dire, dimanche dernier, dans son prône, que le mal engendre souvent le bien ! Je m'en ressouviendrai toute ma vie ; car jamais proverbe ne fut plus vrai à notre égard. »

« Je crois, reprit Flora, vous avoir entendu dire que la mère de cette enfant était malade de la fièvre.

Voudriez-vous bien vous charger de lui remettre de ma part ce demi-écu ? »

» Que le ciel vous bénisse, chère miss, répondit la bonne femme Davis ! Jamais charité ne fut mieux employée. La pauvre femme est excédée des méchancetés de sa petite fille. Il faut pourtant espérer que mademoiselle Nancy ne sera plus si pétulante ; car on dit qu'avant-hier la malheureuse, en faisant apparemment quelqu'une de ses fredaines, est tombée le visage sur des morceaux de verre, et qu'en supposant qu'elle ne meure pas de cet accident, elle en sera du moins étrangement défigurée. »

Flora, sans paraître autrement sensible à ce malheur, se contenta de doubler la somme qu'elle avait destinée pour la mère de Nancy.

Réfléchissant ensuite sur les vues secrètes de la Providence qui, dans sa sagesse, avait cru devoir punir une fille vaine et enorgueillie des frivoles avantages de sa figure, elle reprit le chemin de la maison. « Du reste, se disait-elle, cet accident qu'on regarde comme un grand malheur, pourrait bien devenir pour Nancy une cause de bonheur et de prospérité. C'est à elle de profiter de la leçon que le ciel lui donne. »

§. XIX.

*Les quinze ans de notre Héroïne.
Attaque de goutte. Affreux
Incendie, etc.*

———

FLORA touchait à sa quinzième année, lorsque Mad. Friendly qui, depuis long-tems, jouissait d'une santé parfaite, fut attaquée de la goutte aux pieds.

Un soir que l'honnête fille s'était mise au lit plus tard qu'à l'ordinaire, et qu'elle commençait à peine à s'endormir, elle se sentit suffoquée par une odeur de fumée épaisse qui s'élevait à travers le plancher de sa chambre.

Se levant avec précipitation, elle passe une robe de nuit pour se sauver.

Mais bientôt la première alarme qu'elle avait conçue pour sa propre conservation, fit place aux craintes que lui inspira la sûreté de sa bienfaitrice. Elle vola droit à son appartement.

Mais, quel tableau d'horreur et d'effroi! L'escalier était en feu; et ce n'était qu'à travers des tourbillons de flammes, qu'elle pouvait pénétrer jusqu'à Mad. Friendly.

Eveillée par ses cris, avertie du danger, cette respectable dame répondit au premier appel: « Oh ! sauve-toi, sauve-toi, ma chère enfant ; tu es jeune, tu as des devoirs à remplir envers la société, qui te réclame. Mes pieds goutteux me refusent le service... Vas donc, ma chère fille, vas ! Mon testament est fait ; il est déposé dans des mains sûres et fidèles. Sois soumise aux honnêtes tuteurs que je t'ai choisis. Je mourrai contente avec la conviction que tes vertus honoreront ma mémoire. »

§. XX.

Angoisses et perplexité de notre Héroïne.

FLORA court au premier balcon ; elle implore à hauts cris des secours pour sauver son amie ; toutes ses prières sont vaines.

Les spectateurs, qui vraisembla-blement voyaient mieux le danger qu'elle, n'osaient tenter une telle escalade; de sorte qu'ils invitaient Flora à descendre seule, au moyen d'une échelle qu'ils avaient fixée contre la croisée.

Éperdue et hors d'elle - même, cette fille généreuse, sensible au seul danger que courait sa protectrice, refusait constamment de profiter de ce secours : « Grand Dieu, s'écriait-elle les mains jointes, que n'ai-je la force de la porter jusqu'ici ! Le meilleur des cœurs, la plus tendre, la meilleure de mes amies, va donc périr, si le ciel n'inspire pas quelqu'un d'entre vous assez humain pour oser la sauver. Mes amis, mes chers bons amis! venez m'aider, je vous en conjure ; si vous vous hâtez, il est encore tems de l'enlever sans courir aucun risque. N'abandonnez pas l'ame la plus généreuse, la plus tendre, la plus noble, la mère des pauvres. J'honorerai comme un père celui qui m'aidera à sauver ses jours.»

Vaine éloquence, paroles perdues. Personne n'osait bouger. « Hé bien, s'écrie Flora, dans l'excès de sa douleur et de son désespoir, je mourrai avec elle ! Je lui dois plus que la vie ; je ne l'abandonnerai point. Les flammes nous dévoreront toutes deux. »

Elle dit, et se précipitant à travers, elle atteint la porte de l'appartement, l'ouvre, et court serrer dans ses bras l'unique objet de toutes ses alarmes.

Ce grand acte de dévoûment

échauffa pourtant l'ame des spectateurs. Quelques-uns s'approchèrent de l'échelle; mais le premier tourbillon de flammes les faisait bientôt reculer d'effroi.

§. XXI.

Libérateur inconnu. Court avis aux Egoïstes , etc., etc.

DÉJA le feu commençait à faire des progrès dans l'appartement de Mad. Friendly , lorsque l'un des spectateurs , plus intrépide, s'élance en fermant les yeux , et franchit bientôt l'espace qui sépare le balcon du sol.

Déjà il est au haut de l'échelle;

il appelle miss Flora, qui, quoique aveuglée par la fumée, le conduit au lit de sa bienfaitrice. Il enlève celle-ci, et la porte enveloppée dans sa couverture jusqu'au balcon ; puis, après l'avoir heureusement descendue à l'aide de quelques-uns des témoins émerveillés de son audace, il passe un de ses bras autour de la taille svelte et légère de miss Flora, et parvient à la descendre avec le même bonheur.

Alors la multitude applaudit et pousse des cris de joie. C'est l'ordinaire, quand on voit le danger passé, sans s'y être exposé.

Mais quel est cet homme ? Ce n'est point un habitant du village, ni des environs ; il n'est arrivé que de ce matin : c'est un étranger qui n'est connu d'aucun des assistans.

Mad. Friendly était dans une trop grande émotion, pour pouvoir lui exprimer tout ce qu'elle ressentait d'un service de cette importance. Flora, moins accablée, sauta au cou de l'étranger à qui elle prodigua tous les noms que la plus vive reconnaissance pouvait lui suggérer.

On transporta alors Mad. Friendly et Flora dans une maison du village voisin ; et, en les remettant aux soins de leurs domestiques, tous réunis autour d'elles, l'honnête inconnu promit de revenir le lendemain s'informer de la santé de ces dames.

Malgré les horreurs d'une telle nuit, Flora, le lendemain, trouva

que les souffrances de la goutte de sa
chère protectrice étaient moins ai-
guës que les jours qui l'avaient pré-
cédée.

§. XXII.

*Visite de l'Étranger. Conversa-
tion intéressante. Devoirs du
Riche.*

MAD. FRIENDLY ayant mandé un
architecte, lui donna l'ordre d'estimer le dommage que pouvait avoir
causé l'incendie. Elle apprit avec satisfaction, qu'immédiatement après
sa délivrance, les pompes étaient
arrivées; qu'elles avaient arrêté les
progrès du feu, et qu'ainsi le dom-

mage n'était pas aussi considérable qu'on aurait pu le craindre.

Enchantée de cette bonne nouvelle, elle se disposa à recevoir l'homme intrépide et sensible qui l'avait ravi à une mort affreuse et certaine. Elle était sur une chaise longue quand il entra.

« Je n'ai point de termes, lui dit-elle, mon cher Monsieur, pour vous exprimer toute ma sensibilité; mais soyez assuré qu'un tel acte d'humanité ne saurait rester sans récompense. Mon cher enfant peut seule vous présenter des remercîmens dignes d'une telle action. Elle a toute l'énergie de son âge; et moi, affaiblie par le mien, autant que par mes infirmités..... Allons, ma Flora, remerciez votre libérateur et le mien.

Le langage simple et vrai de la reconnaissance et de la sincérité le
flatteront plus sans doute que tous
les complimens et toutes les protes-
tations d'usage; ou bien, si la richesse peut nous acquitter envers
lui, dites-lui ce que vous et moi
nous pouvons faire pour contribuer
à sa fortune. »

L'étranger ne put empêcher miss
Flora de se jeter à ses pieds et d'embrasser ses genoux. « Que le ciel,
s'écriait-elle, les yeux noyés des
pleurs de la reconnaissance, daigne
vous payer au centuple de ce que
vous avez fait pour Madame et
pour moi ! »

Cependant l'inconnu paraissait
aussi douloureusement affecté qu'il
était vivement ému.

« Je ne puis, s'écriait-il, non, je
ne puis soutenir les larmes de cette
jeune miss. Pardon, Madame ! J'é-
tais père. Je possédais l'enfant la
plus intéressante..! Elle serait à-peu-
près de l'âge de miss. Le plus dé-
plorable accident l'a ravie à ma tendresse et à celle de la meilleure des
mères... Peut-être elle vit encore...
Peut-être, hélas ! la misère, l'op-
probre.... Pardonnez à ma douleur,
Madame, elle est plus forte que
moi. Mon enfant, ma chère enfant !.. » et des ruisseaux de larmes
coulèrent de ses yeux.

« Je ne suis ni la mère, ni même
la parente de ma Flora, dit madame
Friendly. J'ai seulement pris soin de
son enfance, et je n'ai fait en cela
que remplir une de ces obligations
sacrées (c'est ainsi que je les nomme)

que la Providence impose au riche
heureux en faveur de l'infortune
abandonnée. Je suis bien payée du
peu qu'elle m'a coûté ! sa tendresse
et ses attentions ont bien adouci
mes peines ; elles ont émoussé pour
moi les traits acérés de la douleur.
Sans elle, sans vous, Monsieur, ma
mort était inévitable, j'étais la proie
de l'incendie. Ma satisfaction est
complette. Que n'est-il en mon pouvoir de vous la faire partager ! ...
vous jugeriez de toute l'étendue de
ma reconnaissance.

§. XXIII.

Histoire de l'Étranger. Tendresse paternelle excessive, etc., etc.

———

UN domestique, qui apportait une lettre, interrompit cette conversation; et Flora chargée d'y faire la réponse, sortit.

Alors l'inconnu commença, et fit l'éloge de la jeune miss avec une chaleur qui plut fort à madame Friendly : puis, invité à reprendre le récit de son malheur, il continua en ces termes :

« Sachez donc, madame, que maître d'une grande fortune, la

plus affreuse mélancolie repand son
venin sur mes jours et empoisonne
ma vie. Quinze ans se sont écoulés
depuis que mon épouse me rendit
père de la plus aimable petite enfant !... C'était le premier fruit de
notre union, quoique venue après
plusieurs années de mariage. Vous
concevez sans peine comment, mon
épouse et moi, nous devînmes ido-
lâtres de notre fille ; je vous avouerai
même que nous eûmes l'imprudence
de concentrer en elle tous nos devoirs
avec toutes nos affections. Aussi ne
tardâmes nous pas, quoiqu'elle eût
atteint déjà l'âge de deux ans, à
remarquer dans son caractère les
funestes effets d'une indulgence dé-
placée. En nous accoutumant à ne
voir, pour ainsi dire, dans le
monde que notre enfant, nous res-
sentons à présent la grande faute

que nous avons faite , par la rigou-
reuse punition que nous en recevons.
En nous ravissant d'un seul coup
tout ce que nous avions de plus
cher , il semble que la providence
ait voulu nous apprendre , par une
leçon terrible, combien les félicités
de ce monde sont peu stables , et
nous rappeler par-là à l'exercice de
ces devoirs que nous avions trop
imprudemment négligés.

» Avant la naissance de Juliette,
j'avais le bonheur d'être le protec-
teur le plus zélé , l'ami le plus ardent
de tous les indigens laborieux de
mon canton. Madame Willowby ,
mon épouse , était de même l'amie
et la protectrice de leurs femmes
et de leurs enfans. Notre extrava-
gante tendresse pour Juliette dessé-
chia nos cœurs pour les amis que je

viens de vous citer. Nous oubliâmes
ceux qui avaient besoin de nos secours ; et l'avarice prenant dans nos
ames la place de la bienfaisance et
de la tendre humanité., nous nous
rendîmes presque aussi odieuses à
nous-mêmes que nous dûmes l'être
pour les autres.

» Dans la crainte de diminuer la
fortune de notre enfant , nous ré-
duisîmes de beaucoup le nombre de
nos domestiques , et nous bornâmes
notre dépense au simple nécessaire.
On eût dit que la naissance de cet
enfant nous avait enlevé les trois
quarts de notre fortune.

» Notre résidence habituelle était
dans le comté de Nottingham ;
mais, à cette époque, un oncle de
mon épouse vint à mourir, et comme

il nous laissait un legs considérable, qui exigeait notre présence à Londres, nous nous trouvâmes indispensablement obligés d'y faire un voyage.

» Notre Juliette venait d'avoir la petite vérole ; nous pensâmes devoir la laisser à la campagne, où nous comptions être de retour avant un mois. Au moment du départ, nous lui donnâmes le baiser d'adieu..... Ce baiser, hélas ! fut le dernier. Quinze jours s'étaient à peine écoulés depuis notre arrivée à Londres, que nous reçûmes la triste nouvelle de la perte de notre fille.

» Le lieu de notre résidence était voisin de Mansfield. Il s'y tenait périodiquement une grande foire. La bonne qui gardait ma fille eut l'im-

prudence d'aller s'y promener avec
une de nos servantes , et de se mêler , avec mon enfant dans leurs
bras , aux extravagances que la
folie multiplie ordinairement dans
ces sortes de fêtes.

» A peine elles eurent fait deux
tours dans la foule , qu'une grande
rumeur s'éleva. Un taureau que
quelques vauriens avaient exprès
irrité pour le combat , rompit ses
liens ; et , poursuivi par les dogues ,
se précipita au milieu de la foule
assemblée , renversant et foulant
aux pieds tout ce qui se trouvait
sur son passage. Ma pauvre enfant
et mes imprudentes servantes furent
du nombre des victimes de la fureur
de cet animal.

» Cependant il paraît par les informations que j'ai prises, que mon enfant ne périt point dans cette catastrophe. Les servantes elles-mêmes en furent quittes pour quelques contusions; mais notre malheur n'en est pas moins avéré. Que vous dirai-je, madame? Dans cette horrible événement, notre Juliette nous fut enlevée; et, depuis ce moment, nous n'avons jamais pu découvrir aucunes traces de ce larcin. »

L'émotion de l'inconnu était si vive, qu'il ne lui fut jamais possible de continuer son récit.

« La situation la plus douloureuse, mon cher monsieur, dit alors madame Friendly, admet toujours quelques rayons d'espoir. Que savez-vous si, par la suite, vous n'aurez pas lieu de bénir l'instant qui, vous privant de votre Juliette, vous a empêché de gâter son caractère par un excès d'indulgence mal-entendue ? Et peut-être, si elle fût restée sous votre direction, héritière de votre fortune, l'aurait-elle dissipée sans discernement ? Elle aurait pu contracter des goûts et des habitudes qui vous auraient préparé des peines plus amères encore. Espérez, monsieur, espérez ; et ayez confiance dans la providence divine. »

§. XXIV.

Nouveau trait de sensibilité de notre heroïne. Force de l'exemple d'une bonne action. Fin du récit de l'inconnu.

En ce moment Flora entra. « Madame, dit-elle, je viens de prendre part au malheur d'une pauvre femme que la chûte d'une pièce de bois a grièvement blessée dans l'incendie. Elle est, dit-elle, étrangère, et ne fait que passer dans cette contrée. Dans sa détresse, la grand'mère de Marie Davis, l'a recueillie chez elle, malgré les haillons, qui contrastent éminemment avec l'extrême propreté de la bonne femme. Elle lui a aussi conseillé d'avoir recours à vos bontés. »

« C'est avec un vrai plaisir, répondit madame Friendly , que je vois le bon cœur de votre protégée. Je ne pense pas qu'il soit nécessaire de vous demander ce que vous avez fait pour l'étrangère ; je ne doute point du tout que Flora ne se soit conduite en cette occasion comme j'aurais fait moi-même. »

« J'ai envoyé , répartit Flora , une demi guinée pour acheter à cette femme le linge qui lui est nécessaire ; et j'ai dit au cuisinier de lui faire passer quelque nourriture , en attendant que vous-même , madame , vous ayez donné de nouveaux ordres. »

« Voulez-vous bien , ma jeune amie , dit alors M. Willowby , que je concourre avec vous à cet acte d'humanité ? J'ose espérer que madame permettra que vous soyez aussi la dispensatrice de mes dons. Puisque vous possédez si bien l'art d'adoucir les peines des infortunés, Flora, j'ose espérer que vous adoucirez aussi celles de mon épouse, dont j'attends incessamment le retour. La perte de sa Juliette, malgré le nombre d'années qui se sont écoulées depuis, n'a jamais laissé le sourire reparaître sur ses lèvres. Cet affreux souvenir l'assiège sans cesse ; et la langueur la consume et la mine insensiblement. Je l'ai cependant toujours éloignée de notre ancienne habitation de Nottingham ; et, pendant ces treize dernières années, errans de ville en ville, de village en village, nous avons toujours espéré, mais en vain, de découvrir quelques traces de notre enfant. Aujourd'hui, voyant la santé de ma femme dépérir de jour en jour, je me suis décidé à fixer notre résidence dans cette contrée, pour y être plus à portée des secours de l'art si précieux de guérir ; et j'y suis venu dans l'intention d'acheter une propriété qui se trouve à vendre dans votre canton. »

« Tel est, madame, le sujet de mon voyage, et tel est l'enchaînement des affreuses circonstances qui m'ont procuré l'honneur de vous connaître. »

§. XXV.

La bourse de l'inconnu, remise à bonne destination.

⁂ MADAME Friendly fit à M. Willowby, une réponse non moins affectueuse qu'obligeante, et l'assura qu'elle n'épargnerait rien, ainsi que sa Flora, pour calmer les chagrins de son épouse.

Celui-ci la remercia de cette marque attentive de bonté ; et, s'adressant ensuite à l'intéressante pupille : « Quant à vous, lui dit-il, aimable Miss, vous avez promis, au milieu des horreurs de l'incendie, de regarder comme un père quiconque vous porterait des secours : je réclame ici l'effet de votre promesse. Voici ma bourse ; disposez à votre gré de ce qu'elle contient ; et puissiez-vous conserver à jamais cette douce simplicité, cette noble pureté de l'ame qui se peignent si bien dans vos yeux ! Alors vous serez digne de la vie, et vous ne craindrez pas la mort. »

« Ah, monsieur, répondit l'intéressante fille, les personnes qui me font la grâce de m'aimer sont trop indulgentes ! J'ai des défauts sans nombre ; et, si ma chère maman ne m'avait pas de bonne heure appris à les déraciner de mon cœur, je ne sais pas trop le chemin qu'ils m'auraient fait faire. Vous me voyez prête, monsieur, à m'acquitter de ma promesse ; mais les bontés de mon honorable amie me préviennent si souvent, que je suis vraiment embarrassée par fois de disposer de ses largesses d'une manière qui s'accorde avec ses vues de bienfaisance éclairée. »

« Il n'importe, ma chère enfant, dit Mad. Friendly, faites toujours preuve d'obéissance, en acceptant la bourse de Monsieur; il ne faut pas qu'il puisse nous croire capables d'orgueil et d'ingratitude. Elle a quelquefois de ces lubies, ajouta-t-elle avec un sourire; mais j'espère, Monsieur, que vous les lui pardonnerez aisément. »

Flora accepta donc la bourse, et M. Willowby prit congé de ces deux dames.

§. XXVI.

Maisons réparées, etc. Déjeûner troublé. Nouvelle inattendue.

LA santé de madame Friendly, fut fort peu de jours à se rétablir. Alors, elle put jouir de la promenade, et donner elle-même ses ordres pour la réparation de sa maison.

M. Willowby, ayant fait l'acquisition de celle qu'il avait en vue, faisait aussi ses dispositions pour la réception de sa femme. Il venait tous les jours rendre visite à ses voisines ; et tous les jours plus enchanté de leur connaissance, il espérait que leur société pourrait rendre à son épouse le calme et la sérénité que la perte de sa fille lui avait ravis.

Un jour qu'il déjeûnait avec ces dames, un domestique vint annoncer que la bonne Davis demandait à parler à madame Friendly. Elle ordonna qu'on la fit entrer.

Flora, qui savait honorer la vieillesse dans toutes les conditions, après avoir dit un mot à sa bienfaitrice, présenta un siége à cette bonne femme, et l'invita à s'asseoir.

Celle-ci n'osait ; mais pressée par Flora, elle recula le siége le plus qu'il lui fut possible, fit signe à la petite Marie, qui l'accompagnait, de rester derrière elle, et s'assit.

« Quel sujet, lui dit madame Friendly, vous amène ? Vous

pouvez parler : monsieur est un de mes amis particuliers.

« Madame, dit la bonne femme, je vous demande bien humblement pardon ; mais je crains d'avoir fait une grande faute, en recueillant dans ma maison la malheureuse femme dont Miss vous a sûrement parlé : sa maladie ne fait qu'empirer ; et le médecin que vous avez eu la bonté de lui envoyer n'en augure pas bien. »

« Quoique toujours disposée à faire tout ce qu'il faudra pour obliger une femme qui n'est pas plus heureuse que moi, je ne voudrais cependant pas qu'on eût à me reprocher d'avoir donné, sans le savoir, asile à une meurtrière ou à une voleuse. Tout ce que je puis avoir l'honneur de vous assurer, c'est que je serais très-fâchée d'avoir le cœur aussi bourrelé qu'elle. »

« Je venais donc vous prier, madame, de nous faire le plaisir d'envoyer quelqu'un pour recevoir ses aveux, et prier avec elle. Peut-être sera-t-il possible encore de calmer le trouble de sa conscience agitée, et de lui procurer une fin plus douce et moins pénible ? »

§. XXVII.

Terribles effets des remords. Visite méritoire, etc.

« J'APPROUVE beaucoup vos intentions, dit madame Friendly ; mais quelle raison avez-vous de croire cette femme si coupable ? »

« Premièrement, Madame, j'aurai l'honneur de vous dire avec tout le respect que je vous dois, et en vous priant de m'excuser si je me trompe dans mon opinion, que les personnes qui n'ont aucun reproche à se faire, n'ont pas de si grandes frayeurs de la mort qu'elle en paraît avoir, parce qu'alors elles voient tout à espérer, et rien à redouter. »

« D'ailleurs, si cette femme s'assoupit un instant, elle se réveille en sursaut, et s'accuse avec effroi d'avoir tué, ou laissé mourir quelqu'un de faim. Alors, madame, elle maudit le vol et les voleurs avec des expressions qui font frémir ; et quelquefois c'est tout ce que nous pouvons faire, la mère Margery (1) et

____

(1) Cette mère Margery est vraisemblablement une voisine.

moi, de la retenir dans son lit. »

« Je me rendrai chez vous dans le courant de la soirée, dit madame Friendly : faites tout pour le mieux, en m'attendant. Flora aura soin de vous dédommager. »

A ces mots, la bonne Davis se leva, fit ses révérences, et se retira.

M. Willowby ayant proposé à madame Friendly et à Flora de les accompagner, elles acceptèrent son offre.

Comme les devoirs de l'humanité étaient toujours ceux que madame Friendly voulait remplir les premiers, elle se mit en marche immédiatement après le diner, et se rendit droit à la chaumière de la bonne Davis, accompagnée de Flora et de leur libérateur.

On les introduisit dans une pièce séparée. Madame Friendly s'assit auprès du lit de la malade.

« Je suis fâchée d'apprendre, lui dit-elle, que votre santé se rétablit lentement. Cependant vous pouvez compter que je ne vous abandonnerai pas dans vos peines. Ainsi calmez votre esprit, et recommandez-vous à celui qui seul peut apporter du remède à vos maux. »

La malade regarda madame Friendly d'un air affligée, et ne répondit que par un profond gémissement.

« Si vous avez quelque desir qu'il

soit en mon pouvoir de satisfaire , dit madame Friendly , parlez librement ; je vous ai promis mon assistance. »

« Personne , dit la malade d'une voix étouffée , personne ne peut m'assister ; le fardeau est trop accablant... Aucune puissance humaine ne peut enlever ce poids qui m'oppresse. »

§. XXVIII.

Suite du précédent. La Confession utile, etc.

Ces paroles firent frémir Flora : madame Friendly elle-même en fut

interdite. M. Willowby s'approcha
du lit.

« Une conscience oppressée, dit-
il, redouble souvent les souffrances
du corps, et rend les soins et les secours de l'art inutiles. Il faut, dans
ce cas, implorer la miséricorde de
celui qu'on a offensé ; et si l'on a
fait tort à quelqu'un, savoir le déclarer hautement et lui en faire réparation. »

« Il n'est pas en mon pouvoir de
rien réparer, dit la malade avec
des gémissemens sourds et pro-
longés. »

« Si le souvenir de quelque faute
vous tourmente, reprit M. Willowby, faites-en l'aveu ; vous serez
soulagée.... Considérez que taire une
faute, c'est l'aggraver. »

Après avoir, pendant quelques instans, promené autour d'elle, ses regards égarés. « Si vous pensez, dit la malade, qu'un aveu puisse affaiblir en moi le sentiment de mes crimes, je suis prête à les avouer, autant que mes forces me le permettront. Je sens par ma douloureuse agonie, que ce lit est pour moi le lit de la mort ; et je voudrais du moins pouvoir mourir plus tranquille. »

Parlez donc, dit M. Willowby, et ne doutez pas que le moyen que je vous propose ne soit de la plus grande efficacité. Je vous répète non-seulement au nom de madame Friendly, mais au mien, que vous ne manquerez d'aucun secours.

La malheureuse pria la bonne Davis et Marie de la mettre sur son séant. Ainsi placée, elle fit une

longue pause, et commença le récit
de ses tristes aventures en ces
termes :

§. XXIX.

*Histoire d'une Voleuse. Son Édu-
cation. Dangers de la Gourmandise, etc.*

Je me nomme Gervaise Anderson. Mon père était un honnête ar-
tisan ; et comme j'étais sa fille
unique, il me laissa dès mes plus
tendres années, suivre et satisfaire
tous mes goûts et mes penchans.
Cependant j'ose croire que, si l'on
eût mis plus de soin dans mon éducation, un seul vice qui me dominait,
la honteuse gourmandise, aurait pris

sur moi moins d'empire. Oh ! si ma voix avait encore la force suffisante, comme je crierais aux parens de tous les états , de tous les rangs : « Dès que vous appercevrez le premier symptôme de ce vice odieux dans vos enfans , hâtez-vous d'en détruire le germe ; il sera la cause de leur perte ! »

« J'étais naturellement vive et légère : ce vice me procura une enfance lourde et presque stupide. Toutes les fois que l'estomac est surchargé, le corps souffre, et les facultés de l'esprit s'affaissent. »

« J'allais constamment à une école, à diverses heures du jour; et, comme je ne pouvais me livrer à mon appétit vorace dans ces intervales d'études , j'ai lieu de croire

que c'est à mes leçons que je dois la
vie que je vais bientôt quitter. Mais
je n'étais pas plutôt de retour à la
maison, que je me hâtais de réparer,
comme on dit, le tems perdu. Semblable aux pourceaux (car la glou-
tonnerie assimile les enfans à ces
vils animaux), je dévorais indis-
tinctement tous les comestibles cuits
ou cruds qui s'offraient à ma vo-
racité. Il en résultait qu'après le
dîner j'étais si lourde et si pesante,
qu'on avait toutes les peines du
monde à m'éveiller. Trois fois,
pendant mon enfance, de violentes
fièvres, suites de mon intempérance,
me mirent à deux doigts de la mort ;
mais il était impossible de persuader à mes parens que leur seule imprudence était la cause du dérange-
ment de ma santé. Ma mère sur-tout
se serait reprochée sa cruauté, si elle

n'eût pas mis à ma portée autant
d'alimens que j'en pouvais dévorer.
Le médecin de la maison avait beau
lui représenter que ce n'était pas
seulement la quantité, mais aussi la
qualité (1) de ces alimens qui dé-
truisait ma santé ; rien ne put la
détourner de sa pernicieuse habitude
à me gorger de nourriture.

-----

(1) L'auteur anglais entre avec bien de
la complaisance dans de plus longs détails. « Un régime doux et modéré, dit-il,
une nourriture simple, contribuent bien
plus puissamment à la santé des enfans,
que toutes les drogues de la pharmacie.
Mais, ajoute-t-il, ceux qu'on laissera se
gorger d'alimens forts, de bierre, de con-
fitures, de pâtisseries, de sucreries, etc.,
ne deviendront jamais, ni actifs, ni ro-
bustes, ni par conséquent des membres
utiles à la société. » Cette remarque très-
utile est dans toutes les lois de la saine
physique.

Toutes ses remontrances étaient vaines, et je n'en continuai pas moins à satisfaire mon appétit déréglé. A quinze ans, je perdis mes parens. Comme ils ne me laissaient qu'un patrimoine fort mince, il me fallut chercher à tirer parti de mon industrie ; mais hélas ! j'avais, dans mon enfance, perdu tout principe d'activité. Je ne savais que boire et manger, tout le reste n'était rien pour moi.

§. X X X.

Paresse. Pauvreté et Servage. Suites de la Gourmandise. État de la Mendicité. Ses suites, etc. Vol épouvantable.

« Bientot l'affreuse pauvreté se présenta à moi dans toute son horreur, et je fus réduite à chercher du service ; mais la paresse et la gourmandise, non moins affreuses, m'auraient-elles permis de rester même dans la plus douce des conditions ?

« J'en changeai tant, qu'enfin il ne me resta plus que celle de mandiante. J'en essayai, et vis bientôt que je n'étais pas même propre à cette dé-

13

testable profession. Trop grasse,
trop jeune, trop forte, je n'inspi-
rais aucune sorte de commisération.
Il ne me resta que la honte et le
mépris.

» Je commis alors quelques légers
vols, pour lesquels je fus alterna-
tivement emprisonnée, fouettée
publiquement, et punie enfin comme
je méritais de l'être.

» Tous ces châtimens, au lieu
d'éveiller mon industrie, ne firent
que m'endurcir dans ma perversité.
Tout genre de travail m'était de-
venu odieux.

» Je ne vous fatiguerai point d'un
plus long récit de mes iniquités et
du châtiment qui les ont suivies ; je
passe au trait principal de ma dé-
sastreuse histoire.

» J'en étais venue enfin à un point de dégradation telle qu'il y a environ seize ans, je m'associai à une troupe de bandits qui faisaient métier d'errer dans les campagnes, et de dérober tout ce qui se trouvait sous leurs mains.

» C'était sur-tout dans les foires, aux combats de coqs et de taureaux que, sûrs de l'impunité au milieu de ces scènes d'ivrogneries et de désordres, ils faisaient ce qu'ils appelaient leurs coups de main.

» Un jour que j'étais avec eux à la foire de Mansfield... Je ne sais si je pourrai continuer mon affreux récit... Ce crime est celui qui, maintenant, pèse le plus sur mon cœur... Mais il faut tout avouer... Eh bien, j'y volai un enfant!»

§. XXXI.

Narration interrompue, etc.

—

Ici, comme accablée par ses remords, Gervaise Anderson s'arrêta ; et M. Willowby serait vraisemblablement tombé en faiblesse, si Mad. Friendly ne se fût hâtée de lui faire respirer des sels.

« Continuez, dit-il, quand il fut un peu revenu à lui-même, continuez, je vous en conjure, et n'appréhendez rien. Votre punition, votre mort même, ne rendraient pas à leurs parens l'enfant que vous leur avez ravi. »

La malade était dans un tel état

de faiblesse, que Mad. Friendly craignait qu'elle ne pût achever son récit. Elle lui fit avaler quelques gouttes d'un élixir souverain, la rassura avec douceur et bonté, et la pria avec instance de continuer.

« Cette enfant, reprit Gervaise, était âgée d'environ deux ans. Deux jeunes servantes étaient chargées d'en prendre soin. Comme elles passaient auprès d'un combat d'animaux, un taureau furieux rompit ses liens, et se précipitant à travers de la foule, renversa ces deux filles, ainsi que beaucoup d'autres.

» Quand elles furent revenues à elles, quoique leurs blessures ne fussent pas considérables, leurs vêtemens étaient si fangeux, si déchirés, qu'elles furent forcées, pour se nettoyer, d'entrer dans une cabane voisine. L'enfant, mais sans avoir reçu aucun mal, était tombée avec elles. Comme je l'avais relevée, j'offris à ces deux jeunes filles de la tenir, pendant qu'elles se raccommoderaient ; elles acceptèrent mon offre ; et comme elle criait dans la cabane, on me permit de la porter à l'air.

» A peine parvenue à la porte, je fus saisie d'une horrible tentation. J'avais vu aux souliers de l'enfant des agraffes d'or, et à son col un collier de même métal, auquel était adapté un médaillon avec un chiffre formé des lettres J. W. »

A ces mots M. Willowby eut peine à contenir les mouvemens qui l'agitaient ; mais craignant d'alarmer la narratrice, en lui laissant voir l'altération de sa physionomie, il se tourna d'un côté opposé au lit de la malade, et garda le silence.

« J'imaginai aussi, continua la ravisseuse, que la vue de cette enfant exciterait la charité des passans en notre faveur, et mon parti fut pris dans l'instant.

» Je fis signe à un de mes compagnons, que je chargeai de dérouter les deux jeunes filles, en leur indiquant, lorsqu'elles s'appercevraient du vol, une route opposée à celle que j'allais prendre ; je lui assignai un rendez-vous pour que nous pussions nous rejoindre ; et tenant l'enfant dans mon tablier, et la menaçant de la battre, si elle criait, je pris la fuite avec elle, sans rencontrer le moindre obstacle.

» Mon compagnon ne tarda pas à me rejoindre. Nous montâmes dans une charette, et nous atteignîmes Londres, avant d'avoir pu dépouiller l'enfant de ses vêtemens, pour le revêtir d'habits conformes à notre état.

» Nous vendîmes, pièce à pièce, les agraffes et le collier, qui nous produisirent six livres sterling (1); mais nous gardâmes le médaillon, parce qu'il était de peu de valeur, et que le chiffre aurait pu nous trahir.

» L'enfant était donc avec nous depuis un an, lorsque nos courses nous conduisirent à ce village même. Oh! plût au ciel que je n'y fusse

---

(1) Environ cent quarante-quatre livres tournois.

jamais venue! C'est ici que j'ai commis le plus grand crime ; et c'est ici que je vais l'expier, »

§. XXXII.

Suite des trois précédens. Éclair-cissemens. Reconnaissance, etc.

« PARLEZ, s'écria très-vivement M. Willowby ; parlez, vous dis-je. Est-ce ici que vous l'avez tuée ? »

Mad. Friendly faisait voir beau-coup d'impatience, et Flora fondait en larmes.

« Je ne l'ai point tuée, répondit Gervaise intimidée. Ayant volé ici près, dans un jardin, du linge qu'on avait étendu pour le sécher, comme l'enfant nous embarrassait dans notre fuite, je me décidai à la coucher dans un champ près d'une barrière, à la distance d'environ un mille de cette cabane, et je lui promis de revenir la chercher bientôt ; mais je ne pus revenir que le lendemain, vers l'heure de midi.

» Alors je ne la trouvai plus ; ce qui me fait penser que, pendant la nuit, elle pouvait s'être précipitée dans quelque étang ou dans quelque carrière, ou que trop éloignée des maisons pour en pouvoir gagner une, elle était morte de fatigue ou de faim. Quoiqu'il en soit, comme, dans la crainte d'éveiller les soupçons, je n'osais qu'avec les plus grandes précautions prendre des informations sur elle, il ne m'a pas encore été possible d'en obtenir aucunes ; et l'idée de sa mort, toujours présente à ma pensée, me poursuit jour et nuit. »

« Comment, de quelle étoffe était vêtue l'enfant, demanda Mad. Friendly? Dites-moi toutes les particularités. Votre faute est peut-être moins grave que vous ne la croyez. »

« Elle était enveloppée d'un lambeau de couverture, lié autour de ses reins ; elle avait la tête et les pieds nuds. Elle était d'une très-jolie figure, et sa chevelure blonde flottait en boucles sur son front et sur ses épaules. »

« N'avait-elle point, reprit Mad. Friendly, quelques marques sur le corps ?

« Il est possible, dit la mourante

en hésitant, qu'elle eût quelques meurtrissures; car, pour la garder auprès de nous, j'osais quelquefois me permettre de la battre. Au reste, elle répondait déjà au nom de Gervaise, qui est le mien. »

« Oh Ciel ! s'écria Mad. Friendly avec transport, c'est elle-même. Venez, Flora... M. Willowby, admirez les décrets de la Providence. (Elle lui présentait Flora.) Je puis donc vous rendre bienfait pour bienfait. Etes-vous content M. Willowby? voilà votre fille ! »

Flora, mieux au fait de sa propre histoire que son père ne pouvait l'être, se jeta à ses pieds, sans pouvoir proférer une parole. M. Willowby, non moins ému, la serrait silencieusement contre son sein. Mad. Friendly répétait à haute voix : « Tous les indices se rapportent. Flora était en effet vêtue ainsi ; telle était sa chevelure, quand, un matin, je la trouvai dans ma contrée. Son corps était meurtri ; et elle se nommait Gervaise. »

§. XXXIII.

Portrait retrouvé. Satisfaction complette.

Cette scène, si intéressante pour les trois personnages, ne le fut guères moins pour la bonne Davis, pour Marie, et même pour la malheureuse agonisante. « Donnez-moi, je vous prie, dit-elle à la bonne Davis, donnez-moi ma jupe et des ciseaux. »

Celle-ci ayant satisfaite à son désir, elle coupa quelques fils dans le haut de son jupon, et en tira le médaillon de la petite Juliette.

M. Willowby le lui arracha des mains avec vivacité : « C'est mon chiffre s'écria-t-il ! c'est mon nom et celui de ma famille ! Mon enfant ! ma chère enfant !... Bonne, aimable, vertueuse, c'est ainsi que je te retrouve !.... J'ai assez vécu. »

« Ah, Monsieur, dit Flora ! j'ai donc une autre mère ! Ah ! Si elle ressemble à celle-ci, je n'ai plus de vœux à former. »

« Votre mère, ma chère Juliette, est la meilleure des femmes, et j'espère la voir bientôt unie à Madame par les nœuds de la plus tendre amitié. Mad. Friendly nous fera toujours trop d'honneur de daigner vous regarder comme sa fille ; et j'espère que vous saurez partager entre elle et votre mère vos attentions, de manière qu'elles soient toutes deux également satisfaites de vous. Je dois cependant vous dire que, si l'une des deux a droit à quelque préférence, c'est Madame, puisque vous n'aviez nul droit à tant de bontés, et que ce qu'elle a fait pour votre éducation surpasse même tout ce qu'aurait pu faire pour vous la plus tendre des mères. »

« Allons, dit alors Mad. Friendly, pour les interrompre, écoutons le reste du récit. Dites-nous, Gervaise, quel sujet vous a ramenée dans ces cantons ? »

« C'est le hazard seul, Madame, qui m'a conduite ici. Depuis quelque tems, mes compagnons s'étaient dispersés ; je restais seule : j'ai rodé pendant quelques semaines dans les environs ; mais ce n'est que la veille de l'incendie, que je suis parvenue jusqu'à ce village. J'y dormais dans une grange, quand je fus réveillée par les clameurs. Me rappelant que, dans ces sortes d'accidens, mes compagnons avaient souvent fait ce qu'ils appelaient leur main, je m'introduisis chez vous dans l'espérance de faire la mienne : votre maison était apparemment le lieu marqué pour mon châtiment. Une poutre enflammée m'est tombée sur la tête, et je vais mourir, sans avoir obtenu le pardon de mes offenses ! »

« Calmez, calmez-vous, lui dit

Mad. Friendly : du moins vous n'avez point à vous reprocher la mort de cette enfant ; et vous avez fait, en avouant votre faute, toute la réparation qu'il était en votre pouvoir de faire. Puisse votre repentir être sincère et désarmer le courroux du Ciel! »

Après avoir dit ces mots, et recommandé qu'on eût tout le soin possible de cette infortunée, Mad. Friendly sortit avec miss Willowby et son père, et pria, en retournant chez elle, le curé de se rendre à la chaumière de la bonne Davis, pour y donner ses soins aux derniers momens de l'agonisante.

§. XXXIV.

Voyage précipité. Prompt retour.
Notre héroïne en famille. etc.

———

De retour chez Mad. Friendly, M. Willowby ne voyait plus que sa fille : il ne pouvait se lasser de la bénir, de l'embrasser, de la serrer contre son cœur qui nâgeait dans l'ivresse. « Je ne trouve point, dit-il à Mad. Friendly, de termes assez forts pour vous témoigner tout ce que je ressens. En nous rendant Juliette, vous nous avez rendu, à mon épouse et à moi, le bonheur, et désormais nous ne vivrons plus que pour vous bénir. »

« Eh ! Monsieur, ne vous suis-je

pas redevable de la vie ? vos services égalent les miens : nous cesserons donc, si vous le voulez bien, de parler de reconnaissance. Je suis impatiente de voir Mad. Willowby. Quand comptez-vous l'informer de notre bonheur ? »

« Je lui avais, repondit-il, écrit d'attendre, pour se rendre ici, que notre maison fût toute prête à la recevoir ; mais toutes ces petites considérations s'évanouissent devant des événemens aussi fortunés que celui-ci. Je vais le lui annoncer. »

« Ne m'avez-vous pas dit, mon très-cher père, que la santé de ma mère était extrêmement faible ? il faudra donc pour lui donner cette nouvelle, user de ménagement. »

« Je prendrai, ma chère enfant,

toutes les précautions convenables.
Cette tendre sollicitude honore votre
cœur ; et soyez assurée que votre
mère vous en saura, ainsi que moi,
un gré infini. »

Dès le lendemain matin, M. Willowby prit des chevaux de poste,
et se rendit auprès de son épouse,
dont il était éloigné d'environ
quarante milles.

Il l'instruisit par degrés de l'heureuse découverte qu'il avait faite,
lui raconta tous les détails de cette
heureuse aventure, et vit avec un
extrême plaisir qu'elle recevait cette
nouvelle avec moins d'émotion qu'il
n'avait osé l'espérer.

Il ne put cependant parvenir à
lui persuader de rester plus long-tems
dans le lieu où elle habitait. Ils se

mirent donc en route, et arrivèrent
à la maison que Mad. Friendly
occupait encore dans le village, au
moment où elle venait de se mettre
à table, pour souper avec Flora.

§. X X X V.

*Entrevue délicieuse. Réunion
charmante. Nouveaux actes de
bienfaisance.*

Madame Willowby ne fut pas
plutôt entrée, que Flora courut au
devant d'elle et se prosterna à ses
pieds.

« Oh ! bénissez-moi, bénissez-
moi, ma très-chère et très-honorée
mère, s'écria-t-elle ! Combien de

devoirs il me reste à remplir envers vous !... et avec quelle satisfaction je les remplirai !...

« L'air, le ton, la figure et les grâces de Flora surpassaient telle-ment l'idée que s'en était faite Ma-dame Willowby, qu'elle resta quel-que tems muette de plaisir et de surprise. Elle fondait en larmes, et la pressait contre son sein. »

« Ma Juliette, s'écria-t-elle, quand il lui fut possible de parler, ma Juliette... toutes mes souffrances sont oubliées. »

Quand les premiers transports furent calmés, Mad. Willowby et Madame Friendly se saluèrent fort affectueusement. On s'assit, on prit quelques rafraîchissemens, et l'on entama la conversation.

Jamais souper ne fut plus joyeux; jamais réunion n'offrit plus d'amabilité, de franchise et de cordialité; ensorte que, quand ces nouveaux amis se séparèrent, pour aller jouir des douceurs du sommeil, la nuit était déjà fort avancée.

Le plaisir a ceci de commun avec le chagrin, qu'il cause l'insomnie. Le lendemain matin, tout le monde se trouva de bonne heure rassemblé au salon pour le déjeûner.

Flora salua respectueusement toute la compagnie, et s'approchant de Mad. Friendly, elle lui prit la main, et la porta à ses lèvres.

« Madame, lui dit-elle, permettez-moi de vous nommer toujours ma mère: j'ose espérer qu'aucune de mes actions ne me rendra jamais indigne d'un titre aussi glorieux pour moi. »

« Ma chère fille, lui répondit Mad. Friendly, je ne doute pas que vous ne suiviez constamment les sentiers de la vertu. Je ne me sépare point de vous ; jamais je ne m'en séparerai : mais je dois vous remettre entre les mains de vos protecteurs naturels. »

« Ma très-chère et très-honorée Dame, dit Mad. Willowby, votre attachement pour ma fille, en m'annonçant tout ce que, grâce à vos soins, elle vaut pour son père et moi, me la rend encore mille fois plus chère. Conservez à cette excellente Dame, dit-elle à sa fille, l'amour que vous lui avez voué, et qu'elle mérite si bien ; ayez pour elle la même soumission que pour une mère; et n'oubliez jamais que, sans ses leçons et ses exemples, la naissance et la fortune n'auraient été pour vous que de stériles avantages, et ne vous eussent offert que des biens fragiles et périssables.

Flora-Juliette, ou Juliette-Flora, dit M. Willowby, car je veux qu'elle conserve ces deux noms, est une propriété qui doit nous être désormais commune à tous. Nos maisons sont très-voisines, ainsi elle partagera également son tems entre nous.

« Nous n'oublierons pas dans nos arrangemens sa bonne amie Martine, ni les autres domestiques de Madame. Je vous charge, Flora, d'assurer à la première une pension annuelle de quarante livres sterling (1) pour toute sa vie : et à chacun des autres une somme suffisante pour les mettre à portée de suivre leur penchant à exercer des actes de bienfaisance. »

§. XXXVI.

Le bienfait porte toujours avec soi sa récompense. Mort prévue. Manière dont les honnêtes gens se vengent, etc.

Flora fut enchantée de la générosité de son père. « Combien votre bienfaisance me touche, Monsieur ! Elle me rappelle ce que Mad. Friendly m'a souvent répété, que les bonnes

______

(1) Environ mille francs.

actions trouvent toujours leur récompense, sans même attendre celle
d'une autre vie. Quant à moi, j'en
ai déjà été payée d'une manière
assez libérale. Je m'avise un jour
d'acheter une pauvre ânesse pour
la soustraire à la brutalité d'un
maître impitoyable qui aurait fini
par la faire périr sous les coups ;
hé bien, le lait de cette ânesse a
rendu la santé à ma chère bienfaitrice. Je n'ai guères fait que recom-
mander la petite Marie et sa grand-
maman à sa générosité ; hé bien, la
bonne Davis est l'instrument dont
le ciel a voulu se servir pour me
rendre les chers auteurs de mes jours.
Aussi je me souviendrai toute ma
vie de cet axiôme qui m'est aujour-
d'hui si bien démontré, qu'un bienfait
n'est jamais perdu. »

Un domestique vint annoncer en

ce moment que la petite Marie désirait parler à Mad. Friendly ou à miss Flora. On la fit entrer.

Marie venait de la part de sa grand-mère informer la compagnie que la malheureuse Gervaise Anderson était morte dans la nuit. « Elle a été, dit-elle, beaucoup plus tranquille, depuis qu'elle vous a vues, et après vous, M. le curé. Elle nous a chargées, en rendant le dernier soupir, de vous faire mille remercîmens, et de vous demander pardon pour elle.

« L'infortunée, dit Flora! Espérons qu'elle obtiendra la rémission de ses fautes! Sans doute, elle fut bien coupable; mais vous savez qu'elle aurait pu faire pis encore, puisqu'elle aurait pu m'ôter la vie. J'espère donc, continua-t-elle en baisant la main de M. Willowby, que mon très-cher père me permettra de faire en son nom les frais de sa sépulture, et de la faire inhumer convenablement. Puisse la terre qui va la couvrir, ensevelir avec elle le souvenir de ses fautes ! »

« J'y consens de tout mon cœur, ma chère enfant, dit M. Willowby. Approchez, Marie ; dites à votre grand-mère que je la charge de donner les ordres nécessaires pour l'enterrement de Gervaise, et de m'envoyer la note des frais. »

Marie fit une grande révérence. Elle se retirait ; il la rappela. « Écoutez, dit-il, on m'a dit que vous êtes une fille tendre et respectueuse : recevez cette guinée pour vous, et n'oubliez pas de dire à votre bonne grand-mère qu'à compter du jour où j'ai recouvré chez elle ma fille bien-aimée, je lui fais une pension annuelle de vingt livres sterling. (1) » Pour toute réponse, Marie fondit en larmes, et sortit.

§. XXXVII ET DERNIER.

Conclusion digne de nos intéressans personnages.

« Maintenant, dit Mad. Friendly, bannissons toute idée affligeante, et goûtons les faveurs que le ciel daigne nous accorder. Je suis d'avis

____

(1) Environ 5oo francs.

que nous fassions un tour de promenade, et qu'en même tems nous voyions votre nouvelle acquisition. En attendant qu'elle soit prête à vous recevoir, nous pouvons vous loger tous dans l'appartement où vous me voyez. Nous aurons aussi le tems, avant le dîner, d'aller voir si les réparations de ma maison avancent. »

« Vous m'obligerez singulièrement, Madame, dit M. Willowby, si, dans le courant de l'après-dîner, vous voulez avoir la bonté de me montrer l'endroit où notre Juliette, ou bien votre Flora, eut le bonheur d'être offerte à vos regards. »

« De tout mon cœur, répondit Mad. Friendly, pourvu qu'aucun souvenir du passé ne vienne se mêler à notre jouissance actuelle. »

» J'ose me flatter que vous serez content de mon jardin et de mes terrains d'amusement ; car je veux que tous ceux qui me font l'amitié de venir chez moi, les admirent. Après la culture de cette fleur-ci (elle montrait Flora), celle des fleurs de mon jardin a rempli presque tous les instans de mes dernières années. »

« Moi, Madame, une fleur, s'écria Flora, trop modeste pour prétendre à l'admiration, et trop reconnaissante pour ne pas chercher à plaire ! Et quelle fleur, je vous prie, serai-je donc ? »

« Vous serez ma fleur favorite, la joie du cœur (1). C'est une

____

(1) *Heart's case.* C'est le nom que les Anglais donnent à l'herbe dite *Jacée*, ou *herbe de la Trinité.*

herbe que je veux semer dans les cœurs et sur les pas de tous mes amis. »

Les deux familles ne tardèrent pas à s'établir dans leurs nouvelles habitations. Les liens de la plus tendre et de la plus étroite amitié les unissaient toujours davantage. Occupées à l'envi d'actions bienfaisantes, elles en étaient amplement récompensées par les vertus toujours croissantes de Flora. Grâces aux soins et à la tendresse de sa fille, Mad. Willowby recouvra la santé ; et le goût de la botanique que Mad. Friendly fit naître en elle, dissipa insensiblement la mélancolie qui la dévorait.

M. Willowby, autant pour sa santé que pour son plaisir, s'occupa aussi d'agriculture et de plantations ; et Flora, toujours aussi douce, aussi naïve, aussi bonne que l'avait été l'enfant trouvée par Mad. Friendly, fut toujours, au sein de la richesse et du bonheur, la mère et la bienfaitrice des infortunés et des indigens, et la consolatrice aimable de tous ceux qui cultivaient son amitié.

Fin de l'École des Vertus.

LA PYRAMIDE
ÉGYPTIENNE,
OU
LES PETITS EXTERMINATEURS.

§. I.

Du goût de la destruction dans les Enfans.

———

Trois enfans, trois frères, dont l'aîné n'avait pas encore atteint sa septième année, et qui, tous trois, étaient nés à un an de différence l'un de l'autre, vivaient au sein du bonheur chez leurs parens, dont ils étaient tendrement aimés.

L'enfance est l'âge des plaisirs ,

et nous le devons dire, l'âge des
seuls plaisirs véritables. Aussi leur
père et leur mère n'hésitaient-ils pas
à les prévenir dans tous les amusemens honnêtes qu'ils pouvaient leur
procurer. On doit ajouter aussi,
à la louange des trois petits frères,
que ceux-ci payaient de retour toute
leur tendresse, tant par leurs ca-
resses et leur attachement, que par
leur bonne conduite et leur docilité.

Il faut cependant avouer que
l'extrême bonté du père et de son
épouse avait peut-être donné naissance à un défaut trop commun
parmi les enfans, et que Rodolphe,
Germain et Clément (c'étaient les
noms de nos trois personnages,)
possédaient au suprême degré celui
de l'amour de la destruction : ils mu-
tilaient, brisaient, mettaient impi-

toyablement en pièces les joujoux
les plus beaux et les plus recherchés
qu'on avait l'attention ou plutôt la
faiblesse de leur donner. Le papa et
la maman, après avoir souvent répété : « Oh ! les petits destructeurs !..
C'en est fait : vous n'aurez plus de
joujoux, etc. » finissaient toujours
par remplacer les anciens avec des
nouveaux, qui toujours finissaient
aussi par subir le même sort de ceux
qui les avaient précédés.

§. II.

Digression sur les joujoux d'Enfans, etc.

Encore si les petits malheureux n'eussent détruit que les joujoux aussi ridicules qu'insignifiáns qu'on a la mauvaise coutume de donner aux enfans, tels que les arlequins, les pierrots, les polichinels à double bosse, les pantins aux membres disloqués, les sots paillasses à figures blêmes, on eût pu penser que ne trouvant rien d'aimable dans de pareils magots, ils avaient cherché à se débarrasser promptement de ces infamies ; mais Derville, leur père, avait trop de goût pour ne pas faire le choix le plus heureux de ces machines. Il ne dédaignait même pas de donner à ceux qui les fabriquent quelques idées aussi agréables qu'ingénieuses, qui ajoutaient à leur perfection. Il est certain que, si les enfans de Derville avaient conservé tous les joujoux qui leur avaient été prodigués, ils auraient completté une sorte de collection, qui, pour d'autres enfans qu'eux, eût été un vrai petit trésor en ce genre.

Les costumes des différens peuples; les principales opérations de la guerre, telles que l'ouverture d'une tranchée; les travaux nécessaires pour battre en brèche, pour monter à l'assaut; la distribution d'un camp retranché, tous les détails d'une ville fortifiée; de jolies optiques au choix desquelles avait présidé le goût et le discernement, et qui offraient les traits les plus frappans de l'histoire et de la mythologie, les modèles des palais, maisons et jardins les plus curieux des quatre parties du monde, les instrumens propres à l'agriculture, enfin, mille autres inventions qui motivaient des entretiens utiles, et qui eussent inspiré de l'intérêt à un homme instruit, leur avaient été prodigués sans mesure.

§. I I I.

Le nouvel observatoire. Une mouche qui vole.

Les trois petits frères jouaient ordinairement en pleine liberté dans une grande salle garnie d'un tapis sur lequel ils pouvaient à leur aise faire leurs sauts, leurs gambades et leurs culbutes, sans aucun risque de se blesser. Cette salle était pour Derville un véritable observatoire. Il s'y était ménagé au dehors deux ouvertures parfaitement cachées par des gazes qui représentaient des paysages. A travers ces gazes, il observait le développement du caractère de ses fils. Il savait trop que ce n'est pas quand on les regarde, mais plutôt quand ils se croyent seuls, que les enfans se font voir véritablement ce qu'ils sont.

Etait-il survenu quelques légères disputes; s'était-on fâché au jeu; avait-on boudé contre ses frères? le papa était au fait de tout, il prononçait avec connaissance de cause; et les enfans étonnés que leur conduite fût connue jusque dans les plus petits détails, eussent volontiers imaginé que le petit doigt de papa lui rendait compte de ce qui se passait entr'eux.

Déjà l'on commençait à sentir la disette des joujoux, et l'on commençait à s'en affliger : l'ennui prenait quelquefois la place du plaisir; enfin Clément, dans un moment d'inactivité, voit voler une mouche, et la suit de l'œil. La mouche va se poser sur la vître; l'agile Clément court pour l'attraper; la mouche s'envole, il appelle ses frères, et les voilà tous trois à la chasse de la mouche.

§. IV.

Meurtres, extermination. Salle des massacres, etc.

Caché derrière la gaze, le père observait en silence. Plus grand et plus adroit que ses frères, Rodolphe laisse la mouche se poser sur la muraille ; et glissant avec vivacité sa main à demi-fermée, attrape entre ses doigts l'insecte infortuné.

Grande joie ! — Je la tiens, je la tiens. — Voyons, voyons donc, mon frère. — Un moment, je vais en attraper d'autres, et je vous ferai quelque chose de joli !...

Asusitôt dit, aussitôt fait : plusieurs mouches sont prises ; et à mesure, Rodolphe leur ôtait la tête ; il la posait dans le pli d'une feuille de papier blanc, et reployant la feuille, il passait rapidement l'ongle du pouce sur le pli du papier. Le sang de la malheureuse tête, en jaillissant, formait diverses figures irrégulières dont la petite troupe cruelle admirait l'effet et la variété. A mesure que la tête sanglante était séparée du tronc, les petits bourreaux jetaient par terre les cadavres de leurs victimes. Le tapis en était jonché.

Derville sentit son ame oppressée d'un sentiment douloureux. Nos enfans, disait-il en lui-même, igno-rent-ils donc qu'une mouche doit être sensible à la douleur ? et s'ils le savent, leur cœur est donc bien mauvais ?

Il lui vient une idée qu'il communique aussitôt à son épouse. Il entre avec elle dans la salle des massacres avec un excellent miscroscope qu'il avait choisi dans son cabinet. On sait que cet instrument d'optique sert à grossir considérablement les plus petits objets, et qu'à l'aide de la combinaison des verres qui le composent, un cheveu y paraît quelquefois de la grosseur d'une canne, et même d'un gros cable.

Les enfans, comme à leur ordinaire, sautent autour de papa et de maman. Cependant, ils ne montraient point les essais de leur peinture sanglante : ils pressentaient, sans trop se rendre compte de leur sentiment, qu'ils n'avaient pas bien fait.

§. V.

Les effets du microscope.

Derville ne dit pas un mot : il pose son microscope sur la table. Il prend une aiguille et la fait remarquer aux trois enfans. —— Ah, papa ! comme elle est unie ; comme la pointe en est fine ! —— Regardez maintenant à travers cette lunette. — Ah ! mon dieu, papa ! comme l'aiguille paraît raboteuse ; comme la pointe en est grosse ! on dirait que ce n'est plus la même.

Les trois frères virent chacun à leur tour, et leur étonnement se manifesta par les mêmes expressions.

Leur père alors ramassa par terre

le corps d'une mouche. La petite
troupe se mit à rougir. Il soumit la
mouche décapitée au microscope ; et
sans regarder lui-même, il fit regarder Rodolphe le premier. A peine
l'enfant eût-il vu la large plaie
qu'avait causée la séparation de la
tête, qu'il détourna les yeux avec
autant de répugnance que de précipitation. Germain et Clément su-
birent la même épreuve, et furent
punis par le même spectacle.

Un moment de silence fit naître
mille réflexions. Le père et la mère
furent touchés de voir leurs pauvres
enfans dont l'imagination était
frappée par le spectacle d'une mouche
assassinée, et qui se croyaient presque au milieu d'un vaste cimetière.
Enfin les larmes vinrent aux yeux
de Rodolphe, qui avait donné l'idée
de ce jeu barbare.

§. VI.

Les dangers de l'oisiveté, etc.

———

Derville, prenant alors la parole, dit à son fils ainé : « Tu n'as pas su, mon bon ami, t'amuser avec tes frères des joujoux que nous vous avons donnés : vous n'avez pas fait cas de nos avis multipliés. Votre désobéissance vous a réduits à l'oisiveté, et l'oisiveté vous a conduits à mal faire. Vous avez cruellement fait souffrir beaucoup d'innocens animaux, auxquels maintenant il vous est impossible de rendre la vie dont vous les avez privés.

» Un des plus méchans empereurs de Rome, lequel on nommait

Domitien, et que le sénat priva
des honneurs de la sépulture , mettait au nombre de ses amusemens fa-
voris , celui de percer des mouches
d'un poinçon fort aigu. Ce trait seul
d'une cruauté sans motifs s'est
conservé, et dépose contre lui dans
la mémoire des hommes.

» Une mouche a les mêmes droits
que vous à la vie ; une mouche est
digne de votre admiration ; et vous
en allez juger.» Attrapes-en une ,
Rodolphe : je ne lui ferai pas de
mal. Rodolphe obéit. Sa main mal-
assurée en manque une. Enfin il
attrappe la seconde , et la donne
à son papa.

Derville et son épouse , après
avoir examiné cette mouche vi-
vante au microscope , la firent de

même examiner à leurs enfans.
C'est à toi , ma bonne amie , dit
le mari , à donner un nouveau
charme aux merveilles que la
nature a répandues sur le corps de
ce faible animal ; c'est toi que je
prie de les faire remarquer et de
les expliquer à nos petits amis.

§. V I I.

Les mouches observées , etc.

MADAME Derville rougit avec
grâce et modestie des éloges que
lui donnait son époux : « Voyez,
mes enfans, leur dit-elle, les vives
couleurs des ailes de la mouche ;
elles effacent celles que vous
admirez dans les perles de mon

collier. C'est avec ces espèces de rames si délicates qu'elles fendent les airs et nagent, pour ainsi dire, au-dessus de nos têtes, comme un bateau sur la rivière. Regardez bien les petits crochets de leurs pattes ; ils sont aussi fins, qu'il soit possible de les imaginer : aussi voyons-nous les mouches s'accrocher et marcher avec vivacité sur le marbre, le verre, les glaces ; enfin sur les surfaces les plus unies. Peut-on rien voir de plus régulièrement sillonné que sa tête ? Avec quelle adresse, quelle agilité, quelle promptitude, elle se nettoye ! Remarquez encore ces lames noires et argentées, et les soies éclatantes dont est parsemé son corps. La parure naturelle des mouches surpasse pour le luxe, les couleurs et la variété les plus riches vêtemens.

Oh , mes petits amis ! Ces faibles animaux sont bien intéressans. Ils ont comme nous leurs habitudes, leurs peines , leurs plaisirs. Convenez qu'il y a de la cruauté à les priver de la courte existence que leur a accordée la nature. Ils ont assez d'ennemis sans nous. Les araignées , entre autres , ne suspendent leurs toiles ; que pour les attrapper , et les tuer impitoyablement.

« Il est des insectes ailés de la même espèce que les mouches à qui la nature a donné des armes pour se défendre. Si vous preniez imprudemment une mouche à miel , vous en seriez à l'instant puni par une douleur très-vive. Mes enfans ! C'est bien assez d'être obligés de détruire les animaux qui nous nuisent et que nous craignons, tels que les rats, les souris, les taupes, les loups, etc.; c'est bien assez de tuer ceux qui nous sont utiles pour notre nourriture, tels que le bœuf qui nous sert si bien dans le labour de nos champs, la vache qui nous donne son lait, la poule qui nous prodigue ses œufs : laissons au moins vivre ceux qui ne nous nuisent pas, et dont nous n'avons nul besoin. »

§. VIII.

Le tapis du sallon. Le grand coffre. La pyramide égyptienne.

Pendant cette petite remontrance maternelle, les trois petits frères

étaient embarrassés de leurs yeux ;
ils n'osaient les porter sur le tapis ,
ils n'osaient plus regarder leur mère.
« Je vais , dit Rodolphe , prendre
un balai pour nettoyer tout cela.
-- Non , non , dit le papa , il ne
faut pas que les leçons de maman
soient perdues. Je veux que nous
élevions à ces pauvres mouches un
tombeau dont la vue soit pour vous
un avertissement salutaire. En se
souvenant qu'on a mal fait , on en
est plus éloigné de songer à mal
faire encore.

Alors , Derville ouvrit un grand
coffre dans lequel étaient déposés
les nombreux débris des joujoux
cassés. Il y trouva justement des
fragmens d'une pyramide construite
sur le modèle d'une des pyramides
d'égypte , qui , comme nous l'ap-

prend l'histoire, furent bâties pour servir de tombeau à quelques rois de ce pays.

§. IX ET DERNIER.

Le mausolée, etc. Conclusion.

Derville rétablit la pyramide de carton sous laquelle il déposa les corps des mouches assassinées ; il éleva aux quatres coins des cyprès très-bien imités en bois, en cire et en papier peint. Ce petit monument fut placé sur la cheminée de la salle de jeu ; et la cérémonie funèbre fut terminée par le discours suivant, auquel nos enfans donnèrent une grande attention, et qui fit sur eux l'impression heureuse que leur père avait désiré de produire.

« Mes chers enfans, il ne faut pas que l'orgueil et l'amour-propre nous portent à croire que nous sommes les êtres les plus parfaits de la nature , et que nous avons le droit d'être les tyrans des autres animaux. C'est seulement par nos vertus , par nos bonnes qualités , par notre travail, que nous leur sommes supérieurs. Nous leur sommes bien inférieurs dans les qualités du corps.

» Un chien court infiniment plus vîte que nous. Une puce l'un des moindres insectes que nous connaissions ; une puce, qui n'a pas un quart de ligne de hauteur, saute plus de quatre pouces au-dessus d'elle-même ; c'est-à-dire près de mille fois la hauteur de son corps, tandis que nous sautons à peine à la hauteur de la moitié du nôtre. Combien d'animaux nous surpassent en force ! Combien même en connaissons-nous qui font preuve d'une intelligence merveilleuse , et auxquels nous sommes tentés d'accorder une sensibilité touchante ! L'histoire des animaux est au moins aussi intéressante que celle de l'homme. Admirons en eux les beautés de la nature. Depuis le moucheron jusqu'à l'éléphant ; depuis la mousse jusqu'au chêne ; depuis le grain de sable jusqu'à la plus haute montagne , tout dans la nature mérite nos égards et notre estime. Le sot seul ne voit, n'admire, ni n'estime rien.

» J'espère qu'à l'avenir, mes bons amis , vous vous amuserez sans faire de mal à qui que ce soit , et que vous profiterez de mon zèle à

faire tourner vos plaisirs au profit
de votre instruction. Heureux les
hommes qui n'ont à réparer que le
mal qu'ils ont fait à des mouches !
Plus heureux encore ceux qui n'ont
aucun mal à réparer !

THÉODORE,

OU

LE PETIT GOURMAND.

§. I.

Observations sur l'enfance.

Il est un moment de la journée
où la lumière paraît aussitôt que la
nuit n'existe plus ; ce moment se
nomme le crépuscule du matin (1).
On voit pour ainsi dire, les ténèbres disparaître à mesure que les
rayons du soleil éclairent l'horison.
Il y a dans la vie humaine, un

____

(1) La chute du jour, avant l'arrivée de
la nuit, se nomme aussi le crépuscule
(du soir.)

moment semblable, qu'on pourrait appeler le crépuscule de la raison ; dans la première enfance, l'inexpérience, l'étourderie, l'ignorance, peuvent réellement être comparées aux ténèbres de la nuit. La réflexion et l'instruction font naître la raison, et la raison est l'astre qui doit nous guider. Par exemple, un petit enfant fait mille actions bizarres ; il donne à sa mère des baisers dont elle seule goûte tout le charme ; le moment d'après, sa main frappe le sein qui le nourrit ; il pleure, il rit ; et cet état d'enfance dure jusqu'au moment où la raison commence à régler ses idées, à diriger ses actions.

C'est à l'âge de quatre ou cinq ans, qu'un enfant bien élevé commence à distinguer, d'une manière assez précise, ce qui est bien de ce qui est mal ; mais il n'arrive que trop souvent qu'un enfant succombe par fois, lorsqu'il se trouve exposé à choisir entre le bien et le mal. Nous allons en voir un exemple.

§. I I.

La mouche et le fromage à la crême. Larcin.

THÉODORE avait environ cinq ans ; ses parens, ne pouvant suivre eux-mêmes son éducation, l'avaient confiée aux soins d'un instituteur estimable, qui réunissait chez lui quelques élèves qu'il aimait infiniment. Théodore se trouvant un jour seul dans la salle à manger, voyait sur le buffet un fromage à la crême. Une mouche posée sur ce fromage, y prenait son repas, sans laisser la moindre trace de sa gourmandise. Que je voudrais bien être mouche, disait Théodore en lui-même ! Les réflexions sur le bonheur de la mouche, le conduisirent à réfléchir sur le moyen d'être aussi heureux qu'elle. La tentation croissant toujours, il risqua de mettre le doigt dans la crême...... Oh ! que la crême est bonne !.... Mais une jouissance acquise par de mauvais moyens, porte toujours avec elle la source d'un repentir.

§. III ET DERNIER.

Conclusion. La faute aggravée.
Les effets d'une mauvaise action.

———

THÉODORE voit en rougissant la trace que son doigt avait laissée sur la crême, il se trouble ; et pour détruire ce témoin secret de sa friandise, il remue tout le saladier; le trou disparaît ; et Théodore s'enfuit.

L'instituteur cependant, s'appercoit qu'une main indiscrète a troublé la crême, et pour découvrir le coupable, voici comme il s'y prend.

Il appelle séparément ses élèves, et chacun à son tour ; je ne vous demande pas , leur dit - il , si c'est vous qui avez goûté du fromage , donnez-moi seulement votre main. Plusieurs supportèrent très-bien l'épreuve. Le tour de Théodore étant arrivé , il lui tâta le pouls , comme les médecins le tâtent aux malades. Le pouls de Théodore battait avec vivacité , tant il avait eu crainte d'être découvert. Tâtez mon pouls comme je viens de tâter le vôtre , lui dit l'instituteur. Théodore obéit. — Tâtez maintenant le vôtre. — Théodore fut surpris de la différence , le sien battait beaucoup plus fort. Mon petit ami , lui dit l'instituteur , on n'est jamais tranquille quand on a fait une mauvaise action. Soyez sûre que le plus malheureux des enfans , le plus malheureux des hommes , serait celui qui pourrait mal faire sans en rougir , ou sans être agité par le repentir. —— Et comme Théodore avait déjà les larmes aux yeux, il ajouta : —— C'est encore moins pour les autres que pour soi-même, qu'il faut régler ses actions sur des principes honnêtes. Que cette petite leçon, mon cher ami, vous soit utile : si vous en profitez, je garderai le secret, et vos camarades n'en sauront rien ; mais si vous......... Théodore lui promit bien qu'il en profiterait.

LA BONNE-FOI
RÉCOMPENSÉE,
OU
LES DEUX ENFANS GÉNÉREUX.

§. I.

Bonheur d'un enfant honnête,
Le labyrinte et le bosquet, etc.

HEUREUX l'enfant dont les dispositions annoncent de bonnes qualités ! Ses père et mère et ses jeunes amis conçoivent pour lui des sentimens de bienveillance, dont il éprouve en mille occasions les effets les plus satisfaisans. Si par hasard il commet une faute, il trouve tous les cœurs disposés à l'indulgence ;

au lieu des amers reproches qu'on prodiguerait à un autre, ce sont des consolations, des encouragemens qu'on offre à l'enfant aimable et vertueux.

Alexis avait atteint sa neuvième année. Il se trouvait à la campagne chez monsieur Blancheville, son père. La maison et le jardin étaient très-agréables. On y remarquait sur-tout un labyrinte si ingénieusement dessiné, qu'à moins d'en avoir étudié les détours, on risquait d'être assez long-tems sans pouvoir en sortir.

De distance en distance, on trouvait un bosquet, dans lequel était élevée une statue allégorique de quelques vices, avec les attributs propres à les caractériser. La colère, l'avarice, l'envie, le mensonge, et plusieurs autres vices non moins repoussans s'y trouvaient personnifiés.

§. I I.

Promenade instructive. La colère, etc.

TOUT en se promenant avec son fils, et souvent avec quelques autres enfans de son âge, Blancheville profitait de la disposition de ses bosquets, pour leur offrir des leçons d'autant plus utiles, que c'était l'amitié qui les donnait.

« Mon labyrinthe, mes enfans, leur disait ce père aussi tendre qu'ingénieux, est l'image de la vie hu

maine ; il est impossible de ne pas
s'égarer , quand on marche dans le
chemin du vice ; et quand une fois
un vice nous a séduit , nous nous
laissons bientôt entraîner par un
autre (1). Voyez cette statue qui re-
présente la colère ; voyez ses yeux :
si le reste du corps était voilé , vous
croiriez voir une bête féroce. Il suf-
firait , je crois , pour corriger un
homme du défaut de la colère , de
lui présenter un miroir : il s'y ver-
rait tellement difforme , qu'il rougi-
rait d'un pareil oubli de soi-même.

____

(1) C'est ce qui a fort bien fait dire à
Boileau :

« L'honneur est comme une île escarpée et sans
     bords :
» On n'y peut plus rentrer dès qu'on en est
     dehors. »

§. III.

L'enfant désobéissant. Le Lapin chassé.

BLANCHEVILLE leur offrait ainsi de sages réflexions , dont le petit Alexis sur-tout avait profité. Cet enfant aimable se distinguait principalement par la franchise de son caractère , autant que par le plus vif désir de plaire à ses parens. On le citait comme un modèle à imiter aux enfans de son âge ; et ceux-ci l'aimaient au point de n'en concevoir aucune jalousie.

Un jour, hélas ! il démentit son heureux caractère ; et la peine que lui causa cette faute, fut difficilement effacée par les hommages qu'on crut devoir rendre à son repentir aussi généreux que sincère.

Son père lui avait interdit l'entrée du labyrinthe, dans la crainte qu'il ne troublât quelques Fauvettes qui avaient fait leurs nids dans l'un des bosquets. Alexis était dans le jardin. Il voit un lapin qui, traversant l'allée du petit bois, se glisse dans le labyrinthe, à travers le treillage qui l'en séparait. L'animal fait oublier la défense, et Alexis entre en courant dans le labyrinthe. Le lapin fuit : l'enfant court après lui ; mais le lapin rentre dans son terrier, et voilà la chasse finie.

§. IV.

La statue endommagée.

Tout en revenant à cloche-pied, l'enfant désobéissant apperçoit sur un maronier , une de ces belles touffes de fleurs blanches , qui se terminent en forme pyramidale dont cet arbre se revêt au printems ; il prend une pierre pour l'abattre.

O mal-adroit ! ô douleur ! la malheureuse pierre tombe précisément sur la tête d'une statue du bosquet. La statue était de terre cuite ; et la pierre , après s'être fait passage par en haut , ne s'était arrêtée que dans le bas de la jambe , qu'elle avait endommagée , après avoir traversé tout le corps.

Cette statue était précisément celle du mensonge. Le masque qu'il tenait à la main, le renard qui était à ses pieds, semblaient menacer Alexis de révéler sa désobéissance et son délit.

Il quitte le fatal bosquet, en courant plus vîte encore qu'à la poursuite du lapin, et se promet bien de taire cet accident, suite de sa désobéissance, quoiqu'elle fût en quelque sorte involontaire.

§. V.

Soupçons injustes. Remords honnêtes.

Blancheville va visiter ses fauvettes; il voit la statue dégradée, et ne peut se défendre d'un mouvement d'impatience. Comptant sur toute l'obéissance de son fils, ses soupçons se portent d'abord sur André, fils du jardinier de la maison.

Il le fait appeler. André proteste de son innocence : on fait venir Grégoire, son père.

« Oh! c'est lui, Monsieur, dit le jardinier : il est bien capable de

l'avoir fait et de ne le pas dire !
Voyez-vouscomme il rougit? Allons,
va-t-en vîte : tu n'en seras pas quitté
pour cela. »

Alexis s'était tenu dans la salle
voisine, et avait tout entendu. Son
cœur était gros des larmes qu'il s'ef-
forçait de retenir. André était son
ami. Grégoire, qui par fois avait
l'humeur assez brutale, pouvait le
punir sévèrement.

« Grégoire, lui dit Blancheville,
je vous prie sur-tout de ne point
frapper votre enfant : nous pouvons
nous tromper : privez-le de jouer
pendant quelquesjours : il s'ennuiera
de cette punition, il finira par tout
avouer ; alors vous me l'enverrez. »

Grégoire promet de suivre à la

lettre la marche qu'on vient de lui tracer, et va prononcer à André la sentence fatale.

~~~~~~~~~~~~~~~~~~~~~~~~~~~~~~

§. V I.

Alexis et André, etc. Générosité peu commune.

———

A P R È S le dîner, Alexis n'a rien de plus pressé que d'aller trouver André. C'était l'heure ordinaire du jeu. Blancheville avait eu soin de faire sentir de bonne heure à son fils que, s'il existe dans la société des différences indispensables d'état et de fortune, les hommes ne s'en doivent pas moins estimer et aimer, comme fils de la mère commune, qui est la patrie.
~~~~~~~~~~~~~~~~~~~~~~~~~~~~~~

Alexis savait déjà qu'André était son égal aux yeux des lois, et que, par ses talens et ses vertus, il pouvait obtenir un jour plus de considération, et des places plus honorables que lui dont le père était riche: enfin Alexis n'était que l'égal et l'ami d'André.

Il va donc trouver celui-ci, et lui avoue que c'est lui qui, sans le vouloir, a cassé la statue, et qu'il est désolé d'être l'auteur de sa punition; « mais ajoute-t-il, si papa savait que c'est moi, je perdrais sa confiance et son amitié; il serait bien fâché contre moi ; car il m'avait expressément défendu d'entrer dans le labyrinthe; et c'est en poursuivant un petit lapin, que j'y suis entré sans y penser, ni même sans le vouloir. »

« Oh ! dit aussitôt André, je n'en dirai rien. Si tu vois qu'on me laisse trop long-tems en pénitence, tu prieras ton papa de me pardonner, et il ne te refusera pas. Tu diras que tu ne peux pas jouer sans moi ; mais en tout cas, ne prends aucune inquiétude ; je t'assure que je ne dirai rien. J'ai pourtant eu bien peur ; car mon père était très-en colère. J'avais envie de dire que c'était peut-être toi ; mais je ne l'ai pas voulu, dans la crainte que cela ne fût vrai. »

Alexis remercia vivement André, en l'assurant qu'il lui rendait un service dont il conserverait une éternelle reconnaissance.

§. VII.

Combat intérieur. Orgueil et crainte. L'honneur l'emporte.

En revenant à la maison, Alexis sentit son ame vivement émue ; il admirait les procédés généreux de son jeune ami : il aurait eu du plaisir à le publier ; mais il était retenu par la crainte de s'accuser lui-même.

Il ne fut cependant pas long-tems à se décider sur le parti qu'il devait prendre ; et le combat qui s'était élévé dans sa jeune ame entre la crainte et l'orgueil d'un côté, et la vérité de l'autre, ne dura pas long-tems.

Un sentiment d'honneur le fit voler près de son père. Des larmes abondantes furent d'abord ses premiers interprètes ; enfin il laissa échapper le fatal mot : « Papa ! c'est moi qui, par malheur, ai cassé la statue du mensonge ; mais vraiment j'avais oublié ta defense : c'est en poursuivant un lapin... Et André le sait. Il m'a offert de se laisser punir à ma place... Il n'est pas coupable... Je serais bien fâché qu'il fût puni... »

§. VIII.

Éclaircissement nécessaire. Répa-
ration d'honneur. Bon naturel.

BLANCHEVILLE embrassant Alexis, essuyait des larmes. Il fait appeler Grégoire et son fils. Tout est éclairci ; et Blancheville promit que ce petit malheur serait bientôt réparé. Il loua le jeune André de sa généreuse amitié.

Grégoire lui-même dit à son fils, en lui donnant sur la joue un petit soufflet d'affection : « Tu es bien un petit polisson, mais tu as un bon cœur : c'est toujours bon signe. Avec le tems, tu feras quelque chose ! allons, vas jouer.

Blancheville jouissait délicieusement de cette petite scène, dans laquelle son fils avait donné une nouvelle preuve de l'élévation et de la
sensibilité de son ame : il voulait
aussi récompenser le petit André du
bon naturel qu'il venait de mani-
fester.

Quelques semaines s'écoulèrent,
sans qu'il fût question de rien de
ce qui s'était passé. On avait ôté du
bosquet le reste de la statue brisée ;
mais le piédestal restait dégarni ; et
jamais Alexis ne passait dans cet
endroit, sans pousser un soupir.

§. IX.

L'inconnu. Fête inattendue, etc.

On remarquait cependant dans la maison un inconnu qui ne paraissait qu'aux heures des repas, et qui, tout le reste du tems, était enfermé dans sa chambre.

Alexis s'étonnait de l'attention avec laquelle cet étranger le regardait. Il se figurait que son papa voulait lui donner un précepteur, dans la crainte qu'il ne cassât encore des statues.

Enfin Blancheville dissipa tous les soupçons, en annonçant qu'il voulait donner une petite fête à laquelle il invitait de bon cœur les habitans de la commune, et sur-tout leurs enfans.

Le jour tant désiré arrive ; et l'on s'assemble sur la terrasse la plus voisine du labyrinthe.

Chacun fut étonné. Les préparatifs avaient été faits à l'insçu de tout le monde.

§. X.

Description de la fête. Discours édifiant, etc.

Tous les pots de fleurs du jardin décoraient la terrasse; des guirlandes de feuillages étaient agréablement suspendues d'un arbre à l'autre; des

bancs étaient symétriquement ar-
rangés : une table couverte d'un tapis
verd, un siége distingué placés dans
l'endroit le plus apparent indiquaient
la place de celui qui devait présider
à la fête. Derrière cette table était
une enceinte quarrée d'environ trois
toises, formée par un treillage à
hauteur d'appui, qui en défendait
l'entrée. Au milieu de cette enceinte;
s'élevait une masse couverte d'une
toile assez forte et si bien cachée,
qu'il était impossible à l'œil le plus
exercé de lui remarquer aucune
forme particulière.

Enfin Blancheville ayant invité
tous les spectateurs à s'asseoir, se
plaça dans le fauteuil, et parla en
ces termes : « Mes amis, l'éducation
de nos enfans doit être notre pre-

mier devoir, notre plus chère occupation. Si nous laissions nos terres
en friche dans le tems du labour
et de la semence, la plus désespé-
rante stérilité nous serait réservée
pour le tems de la moisson. Si nous
apportions de la négligence à cultiver
le cœur et l'esprit de nos tendres
élèves, aurions-nous droit d'attendre
d'eux de bonnes qualités et de
bonnes actions ? C'est en les encou-
rageant à la vertu que nous nous
épargnerons la douleur de les punir
pour des vices. Tel est le but moral
de cette fête. Je vais vous raconter
l'anecdocte qui m'en a fait naître
l'idée »

Blancheville apprit alors à l'assemblée par un discours simple, mais
entrecoupé souvent par des soupirs

de joie et des élans d'amour pater-
nel, tout ce qui s'était passé entre
le jeune André et son fils.

§. XI.

Suite du précédent. Coup de théâtre intéressant.

A un signal convenu, l'étranger
qui avait fait naître tant d'inquié-
tudes dans l'ame d'Alexis, passa
dans l'enceinte, souleva un coin de
la toile, et Blancheville continua
ainsi :

« Les anciens représentaient la
bonne-foi sous la figure d'une femme
vêtue de blanc, ou plus souvent sous
la figure de deux jeunes filles qui se

donnaient la main. Vous savez par
quel accident la statue du mensonge
fut brisée ; j'ai cru devoir la remplacer par celle de la Bonne-foi.
Désormais le bosquet en portera le
nom ; et j'aime à croire que vous
reconnaîtrez l'emblême que j'ai
choisi.

A ces mots, l'étranger qui n'était
autre qu'un habile artiste en sculp-
ture, fit disparaître la toile, et les
spectateurs ne purent contenir leurs
applaudissemens ; en voyant les
statues d'Alexis et d'André parfaitement ressemblantes. Ils étaient
vêtus de longues robes, et dans l'attitude que Blancheville avait dési-
gnée pour celle de la bonne-foi.

Le sentiment le plus tendre prit
ensuite la place de l'étonnement ;

les pères , les mères et les enfans ne
purent retenir les douces larmes
que le plaisir leur faisait répandre ,
en voyant Blancheville tenant Alexis
par la main et le bonhomme Grégoire tenant de même André , placer leurs enfans au pied de la statue
dans l'attitude que l'artiste avait
donnée à leur image.

La dignité que Blancheville mettait à cette cérémonie , la joie pure
et naïve de l'honnête Grégoire , offraient le plus intéressant contraste.

§. XII ET DERNIER.

Le triomphe de la Bonne-Foi.
Conclusion.

LES deux pères se donnèrent aussi
la main, et formèrent ainsi au-dessus

de la tête de leurs fils, un arc de triomphe dont la nature avait dessiné le contour. La cérémonie fut terminée par l'inauguration des statues dans le bosquet ; et le reste du jour se passa en jeux, en courses et en amusemens divers.

Depuis cette époque, Alexis ne porta d'autre nom que celui de Bonne-Foi ; et son exemple fit germer plus d'une vertu dans les ames des enfans de cette commune. La bonne-foi, disait-il un jour à son père, n'a donc pas d'autres attributs ? Non, répondit en souriant Blancheville ; mais, si tu veux, nous lui donnerons un petit Lapin.

FIN.

TABLE.

Fin de la Table.